環境復興

東日本大震災・福島原発事故の被災地から

川﨑興太［編著］

八朔社

目　　次

序　章　本書の目的と構成　川﨑興太 ……………………………………… 1
　　Ⅰ　本書の背景と目的　1
　　Ⅱ　本書の構成　2

第Ⅰ部　環境回復編

第 1 章　沿岸都市における気候変動適応策と津波防災対策に関する
　　　　　調査研究　安藤尚一 ……………………………………………… 7
　　Ⅰ　背景・目的　7
　　Ⅱ　研究方法　7
　　Ⅲ　津波（高潮）避難ビルの定義と用途別の概要　8
　　　1　公的な定義　8
　　　2　本研究での定義　9
　　　3　全国の現状　12
　　　4　津波（高潮）避難ビル指定の現状　12
　　Ⅳ　気候変動適応策の現状　19
　　Ⅴ　津波（高潮）避難ビル指定の課題　20
　　　1　津波（高潮）避難ビルの指定に関する課題　20
　　　2　南海トラフ地震津波避難対象地域での課題　21
　　Ⅵ　結　論　23

第 2 章　浜の生活・産業・文化　石橋理志・伊藤香織 ……………………… 25
　　はじめに　25
　　Ⅰ　対象地　26
　　　1　対象地の概要　26
　　　2　東日本大震災の被災と防潮堤　26
　　Ⅱ　調査及びデータ　31
　　　1　調査概要　31
　　　2　データ作成　32

Ⅲ　集落空間の変遷　32
　　1　集落空間を構成する要素　34
　　2　各年代の集落構成　36
　　3　小　括　37
　Ⅳ　産業と生活行動の変遷　37
　　1　集落内産業の変遷　37
　　2　職業別住宅立地と生活行動　38
　　3　小　括　39
　Ⅴ　親類関係に基づく住宅立地の分布　39
　　1　大本家の分布　39
　　2　各親類の分布　40
　　3　小　括　40
　おわりに　40

第3章　東日本大震災後の歴史的町並みの復興と再生　郭東潤 …… 43
　はじめに　43
　Ⅰ　佐原地区の歴史的町並み保全の取り組み　44
　　1　佐原の重伝建地区の概要　44
　　2　住民による歴史的町並み保全　44
　Ⅱ　歴史的町並みの修復と再生へ　45
　　1　歴史的町並み地区の被害実態　45
　　2　歴史的町並みの修復・修景補助　46
　　3　修復・修景への取り組み　48
　　4　まとめ　49

第4章　地方都市における環境負荷の低減を目的とした地域資源マップの作成
　　　　──千葉県山武市を事例として──　齋藤伊久太郎・郭東潤 ………… 53
　はじめに　53
　Ⅰ　研究の方法　54
　Ⅱ　名所旧跡に対する実態調査　55
　　1　調査の概要　55
　　2　アンケート調査の分析　59
　Ⅲ　JR成東駅を起点としたルートの歩行　60

1　概　要　60
　　　2　得られた知見　61
　　まとめ　66

第5章　「除染の完了」後における除染に関する課題　　川﨑興太　……　73
　　Ⅰ　本章の目的　73
　　Ⅱ　除染の実施状況と除去土壌等の保管・搬出状況　75
　　　1　除染の実施状況　75
　　　2　除去土壌等の保管・搬出状況　77
　　　3　除染の線量低減効果　79
　　Ⅲ　市町村の除染に関する課題認識　80
　　　1　仮置場と中間貯蔵施設に関する課題認識　81
　　　2　森林や河川等に関する課題認識　81
　　　3　フォローアップ除染（再除染）に関する課題認識　84
　　Ⅳ　除染に関する課題　85
　　　1　中間貯蔵施設の早期整備・完成と除去土壌等の保管に関する条件整備　85
　　　2　環境回復を目的とする新たな法律に基づく"除染"の実施　87
　　　3　場所の特性に即した総合的な放射線防護措置の一つとしての
　　　　　フォローアップ除染（再除染）の実施　88
　　　4　帰還困難区域全域を対象とする除染の計画策定と実施　89

第Ⅱ部　環境創造編

第6章　再生可能エネルギーの送配電自立型導入の事例
　　　　――屋久島の電力事業――　　藤本典嗣　………………………………………　95
　　Ⅰ　電力自由化と地域構造　95
　　Ⅱ　福島原発事故後の電力自由化　97
　　Ⅲ　地域完結型の電気事業の可能性　99
　　Ⅳ　屋久島における電力供給構造　99
　　Ⅴ　安房電気利用組合の事例　101
　　Ⅵ　種子屋久農業協同組合の事例　102
　　Ⅶ　安定的供給と停電――町役場でのヒアリングより　104

おわりに　105

第7章　環境未来都市構想に掲げる「環境」「産業振興」をコンセプトとしたスマートコミュニティの研究　加藤宏承……　107

- Ⅰ　本研究の目的　107
- Ⅱ　陸前高田市の概要　107
  - 1　沿革　108
  - 2　人口（平成28年12月31日時点）　108
  - 3　地理　108
  - 4　産業構造　109
- Ⅲ　環境未来都市構想　110
- Ⅳ　「環境」「産業振興」をコンセプトとしたスマートコミュニティ　110
  - 1　陸前高田市における環境プロジェクト　110
  - 2　陸前高田市における漁業／牡蠣養殖の概要について　112
  - 3　IoT（Internet of Things）を活用した牡蠣の養殖　112
  - 4　海外展開のための太陽光及びIoTを活用した牡蠣養殖事業の提案　113
- Ⅴ　海外普及展開へのアプローチ　114
  - 1　海外普及展開のためのスキーム　114
  - 2　事業実施体制　115
  - 3　実施スケジュール　115

おわりに　116

第8章　被災地観光に見る自然災害からの守りの伝承文化
——「語り部観光」を題材に——　海津ゆりえ　………………　119

- Ⅰ　本研究の背景　119
- Ⅱ　東日本大震災における「語り部観光」　120
  - 1　岩手県宮古市「学ぶ防災」　120
  - 2　東北3県における「語り部観光」　125
- Ⅲ　「語り部観光」の課題と展望　129
  - 1　「語り」の継承　129
  - 2　「語り」プログラムの高度化　130

第 9 章　東北復興まちづくりについての研究　――アメリカ，ステイプルトン
　　　　　旧デンバー空港跡地再開発利用についてのスタディ――　鏑木　剛……133

　Ⅰ　背景と目的　133
　Ⅱ　ステイプルトン国際空港　134
　Ⅲ　ステイプルトン再開発の概要　135
　Ⅳ　まちづくりコンセプト　136
　Ⅴ　HOA（Homeowners Association）　137
　Ⅵ　持続可能エネルギーの利用　139
　Ⅶ　交通計画　140
　Ⅷ　ニューアーバニズム　141
　まとめ　144

結　章　本書で得られた知見を踏まえた課題の整理
　　　　川﨑興太・安藤尚一・伊藤香織・郭東潤・齋藤伊久太郎・藤本典嗣・
　　　　加藤宏承・海津ゆりえ・鏑木剛　……………………………………147

　Ⅰ　環境回復編で得られた知見を踏まえた課題　147
　　1　安全・安心な環境形成に向けた総合対策の実施　147
　　2　地域固有の社会・空間構造や地域資源を活かした
　　　　安全・安心な環境の形成　147
　　3　原子力災害からの復興に向けた長期的な対応　148
　Ⅱ　環境創造編で得られた知見を踏まえた課題　148
　　1　再生可能エネルギーの普及促進に向けた条件整備　148
　　2　環境保全と経済活性化を両立させた事業の推進　149
　　3　防災の知恵と教訓の伝承と文化の創造　149
　　4　持続可能なコミュニティの形成に向けた生活環境の継続的な改善　149

著者略歴　151

序章

本書の目的と構成

川﨑　興太

I　本書の背景と目的

　東日本大震災および福島第一原発事故の被災地は，わが国の中でも人口減少・高齢化・経済停滞が深刻であった地域であり，被災者が早期に安定的な日常生活を取り戻すこと，そして，それが同時に環境，経済，社会の面でのレジリエンスを高め，持続可能な地域の形成につながること，およそこのような道筋にそって復興が進むことが求められている。

　特に，環境面でのレジリエンスと持続可能性を高めることは，折からの低炭素社会の実現，省エネルギー化の推進，資源の循環利用・消費効率化に加えて，原子力政策の見直しに伴う再生可能エネルギーの普及促進という新たな社会的要請に鑑み，被災地の復興を進める上で重要な課題である。単に個別施策の寄せ集めではなく，それぞれの地域が総合的な計画と戦略のもとで，都市政策・住宅政策・交通政策の統合的な展開，自立分散型エネルギーシステムの構築，さらにはエコツーリズムや環境教育などのソフト施策の充実を図るなど，総合的な見地から環境面での復興を実現する必要がある。

　東日本大震災および福島第一原発事故の発生から6年以上が経過した現在，岩手県，宮城県，福島県などの地震・津波被災地では，防潮堤や道路などのインフラ整備，防災集団移転促進事業や土地区画整理事業などを通じた住宅再建，農業・水産業や観光業などの生業・産業再生が進展しつつある。福島県の原発被災地では，除染が終了し，避難指示が解除され，復興拠点が整備されるなど，未曾有の放射能被害からの復興に向けたさまざまな取り組みが

進展しつつある。このような状況にある被災地の復興に関して,すでに多くの研究が蓄積されているが[(1)],「環境」という観点からの研究は手薄な状況にある。

　本書は,こうした背景のもとに,東日本大震災および福島第一原発事故の被災地を主な対象として,「環境」という観点から,復興の実態や課題の一端を明らかにするものである。これまで手薄であった研究テーマに関する知的基盤を構築するとともに,今後の被災地における復興のあり方,ひいては,今後のわが国における災害からの復興のあり方を検討する上での学術的かつ実践的な知見を含むという点で,重要な意義を有するものと考えられる。

　なお,本書の執筆者らは,当初,「環境」という概念を持続可能性にかかわるトリプル・ボトムラインの一要素としての意味でとらえ,東日本大震災および福島第一原発事故からの復興について研究を進めるものとした。しかし,その後,「経済」や「社会」との関連性という観点からテーマを広げて研究を進めてきたことから,本書でいう「環境」は包括的な概念として用いられている。また,「環境復興」という概念については,本書では,被災した「環境」を回復する取り組みとしての「環境回復」と,被災後の「環境」を新たに創造する取り組みとしての「環境創造」によって構成されるものとして用いられている。

Ⅱ　本書の構成

　本書は,大きく2部から構成されている。

　第Ⅰ部は環境回復編であり,第1章から第5章までの全5章から構成されている。

　第1章は,津波被災地における安全・安心な環境の回復について論じたものであり,東日本大震災による津波被災地を含む全国の津波避難ビルを対象として,その指定実態に関する分析を行うとともに,気候変動適応策としての高潮対策を含む課題を抽出している。第2章から第4章は,被災地における地域固有の歴史・文化環境の回復について論じたものである。具体的には,

---

(1)　例えば,日本建築学会や日本都市計画学会などが刊行している一連の「東日本大震災合同調査報告」を参照のこと。

第2章では，宮城県気仙沼市の鮪立(しびたち)集落を対象として，防潮堤問題を整理しつつ，集落の社会・空間構造を読み解くことを通じて，両者の齟齬を浮き彫りにし，津波被災地の環境回復に向けた検討課題を提示している。第3章では，地震による家屋倒壊や液状化による道路損壊・上下水道の断水などの被害を受けた千葉県香取市佐原地区を対象として，歴史的町並みの修復・再生の実態を分析し，課題を提示している。第4章では，千葉県山武市を事例として，環境負荷の軽減に向けた市民参加型の地域資源マップの作成過程と結果について紹介している。第5章は，放射能汚染環境の回復について論じたものであり，除染が完了になった福島県における除染の実施状況と除去土壌等の保管・搬出状況を整理した上で，今後の除染に関する課題を提示している。

　第Ⅱ部は環境創造編であり，第6章から第9章までの全4章から構成されている。

　第6章は，新たなエネルギー環境の創造について論じたものであり，鹿児島県の屋久島における地域完結・自立型の電力事業を分析した上で，小規模生活圏における再生可能エネルギーの導入条件に関する課題を提示している。第7章は，地域産業と環境の相補的発展のあり方について論じたものであり，環境未来都市に指定されている岩手県陸前高田市を対象に，海外への普及・展開を視野に入れながら，環境と産業振興をコンセプトにしたスマートコミュニティの形成に向けた提案を行っている。第8章は，観光を通じた防災の知恵や教訓，いわば防災文化環境の創造的継承について論じたものであり，岩手県宮古市を中心とする東日本大震災の被災地における「語り部観光」の現状を把握した上で，その課題と展望について論じている。第9章は，サスティナブルな生活環境の創造について論じたものであり，アメリカ合衆国コロラド州デンバーに立地するステイプルトン旧デンバー空港跡地における，ニュー・アーバニズムの考えを取り入れた開発計画を紹介している。

　結章では，以上の各章で得られた知見を踏まえて，今後の課題を整理している。

【謝辞】
　本書を出版するにあたっては，福島大学学術振興基金の学術出版助成（整理番号：17FA002）を受けた。記して感謝する。

第Ⅰ部　環境回復編

第1章

沿岸都市における気候変動適応策と津波防災対策に関する調査研究

安藤　尚一

I　背景・目的

　本研究の背景は，東日本大震災の被災地調査において南三陸町や釜石市で，震災以前から津波避難ビルに指定されていた公営住宅が津波避難ビルとして機能したにもかかわらず，震災後に撤去されたり，指定解除されたりしたことにある。そこで，南海トラフ巨大地震津波のおそれがあったり気候変動により高潮を受けやすくなったりする都市環境で，市町村により津波・高潮避難ビルとして公営住宅や他の都市施設が指定されている例がどの程度あるか，「全国の津波避難ビルの実態と動向分析」(2014) をベースにし津波高潮避難ビル指定の情報を分析した。

　これまで小川ら (2015) により行われた津波避難ビルの用途分析は，2013年8月時点と現在の3分の2程度の指定数でかつアンケート方式により地域を限って行っている。また，住宅用途では公的か民間かを区別していない。そこで本研究では，全国の津波避難ビルを対象とし，地域別・都市規模別や用途別に分析し，気候変動適応策としての高潮対策を含む課題の把握を行った。

II　研究方法

　「津波避難ビル」全国調査は，2011年12月に内閣府と国土交通省が実施した調査 (2011) 以降，国では行われていない。これは2011年調査においても「津波避難ビル等」としたように，津波時において緊急的・一時的に避難を

行う建築物またはタワーとして市町村が指定した施設には，「津波避難ビル」以外の呼称も多く（10頁表1参照），都道府県や国も指針や津波浸水想定は作成するが，個別の指定はその地域の市町村が行っているためである。

そこで，2013年8月，2014年8月と2015年8月に，筆者は政策研究大学院大学（GRIPS）にて科研費研究（2014-16）の一環として津波避難ビルの全国調査を行った。そのデータから津波高潮避難ビルの指定状況を把握した。

- 対象市町村：沿岸部を持つ市町村。内海にのみ接している10市町村と，内陸でも河川や平野で津波高潮のおそれのある16市町村を加え662市町村。
- 対象施設：津波避難ビルの定義は次節Ⅲ2参照。
- 調査時期：2015年8月
- 調査方法：以下の4点から662市町村を調査
  ①市町村ごとの地域防災計画：628市町村
  ②津波ハザードマップ上の記載：519市町村
  ③自治体広報ホームページ情報：662市町村
  ④都道府県の津波高潮想定情報：39都道府県
- 調査項目：14用途区分別避難ビル指定数，名称，位置，避難所，地域防災計画，最大想定浸水深等

Ⅲ 津波（高潮）避難ビルの定義と用途別の概要

「津波避難ビル」の名称で建築物を指定している市町村は 全国で198あり，合計で8,845棟の「津波避難ビル」を指定している。本研究は公的な定義も参考にしつつ，以下の2で示す定義によった。

1 公的な定義

- 津波防災地域づくり法による定義
  津波災害警戒区域において津波の発生時における円滑かつ迅速な避難の確保を図るため市町村長が指定する「指定避難施設」がある。ここでは2011年国交省告示1318号で定める安全な構造等に適合することが要求されている。
- 内閣府ガイドラインの定義

2005年6月の内閣府ガイドラインでは「津波避難ビル等」として，津波浸水予想地域内で，地域住民等が一時もしくは緊急避難・退避する施設をいう。なお，津波による浸水のおそれのない地域の避難施設や高台は含まない。

- 国交省港湾局ガイドラインの定義

2013年10月港湾局ガイドラインは「津波避難施設」として，避難困難地域の避難者や避難が遅れた避難者が緊急に避難するための津波避難タワー等とし，高台も含むと定義している。

2　本研究での定義

本研究では，「津波避難ビル」の定義として以下2点を採用した。なお，多くの市町村は内閣府等の国の定義に従っているが，法律やガイドラインができる以前から津波避難ビルを指定していた市町村や，東日本大震災後に浸水想定を大幅に見直した地域では必ずしも国の定義に従っていない。

- 科研費による本研究の「津波避難ビル」の定義：下記の2つの条件
  ① 2011年の国の全国実態調査で対象とされたもの。
  ② 市町村が津波避難ビルまたは類似の名称で地域防災計画，津波ハザードマップ，広報等に明記したもの。ただし類似の名称でも全てまたは過半が浸水の恐れのない地域にある場合，同一市町村で津波避難ビルが別に指定されている場合を除く。

類似の名称で「津波避難ビル」と定義したものの一覧を次頁表1に掲載した。ここでは名称に「ビル」がつくものを上にして小計1とし，それ以外を小計2とした。またそれぞれを「一時」及び「緊急」が含まれているかでも区分している。同じ名称の市町村は一つにまとめた。

なお，最後に「限界事例」としたのは，2011年の国の調査では取り上げていなかったが，想定浸水域との関係や一般の避難所との関係で，本研究では津波避難ビルに含めて良いと判断した7事例である。対象とした11,551棟には，「津波避難ビル」8,845棟と表1の2,632棟の他に，「津波避難タワー」135棟がある。

高潮の対策を市町村指定の避難施設名称としているケースは，愛知県弥富市のみである（2014年8月調査時点）。

表1 津波避難ビルの定義（名称が津波避難ビル以外，

		名 称	市町村数	自治体名	2011	2014	2015	HZ
名称に「ビル」が付いている事例	一時	津波緊急一時避難ビル	1	松阪市	8	32	32	有
		津波一時避難ビル	3	東海市他2	8	32	38	
		一時避難ビル	1	木古内町	0	2	2	有
		津波避難ビル（津波一時避難ビル）	1	稚内市	1	15	20	
		津波避難ビル（一時避難場所）	1	松茂町	25	43	43	有
	緊急	津波緊急避難ビル	1	海南市	16	15	32	有
		津波時緊急避難ビル	1	日南市	7	10	10	
		津波災害時緊急避難ビル	1	糸満市	6	11	11	有
		津波発生時緊急避難ビル	1	臼杵市	0	5	32	
		指定津波緊急避難ビル	1	尾鷲市	1	3	4	
		緊急（津波）退避ビル	1	志布志市	0	7	7	有
		（洪水を除く）緊急避難ビル	1	京丹後市	10	10	10	
	その他	避難ビル	1	羽幌町	0	0	1	
		避難ビル等	1	湯浅町	4	3	10	
		民間津波避難ビル	1	沖縄市	0	16	21	有
		津波避難協力ビル＋津波避難ビル	1	三重県津市	9	71	80	有
		津波避難協力ビル	2	伊東市他2	81	87	88	有
		近隣住民避難協力ビル	1	南知多町（再）	19	18	18	有
		津波災害時避難ビル	1	坂町	0	4	4	有
		（津波時）避難ビル	0	古座川町	1	1	0	有
		津波等避難ビル	1	萩市	0	2	2	
		小計1	23	小計1	196	387	465	
名称に「ビル」が付いていない事例	一時	指定津波緊急時避難施設	1	那覇市	3	82	88	
		時避難地（津波時における緊急施設）	1	徳之島町	0	0	3	
		避難建築物（津波緊急時避難場所）	1	小松島市	32	94	97	有
		一時退避所	1	碧南市	12	37	37	
		一時避難所	1	木曽岬町	7	7	7	有
		津波一時避難所	1	飛島村	0	0	11	
		津波等一時避難場所	1	尼崎市	24	309	325	
		津波時一時避難場所	1	泉佐野市	0	9	12	有
		津波一時避難場所（施設）	1	広川町	5	10	11	有
		津波一時避難場所（建物）	1	逗子市	4	39	43	有
		津波一時避難場所	2	袋井市他1	0	26	29	有
		津波一時避難施設	4	船橋市他3	20	98	101	有

2015年8月，単位：年別の棟数）

		名称	件数	市町村				有無
名称に「ビル」が付いていない事例	一時	津波一時退避所	1	西尾市	0	0	17	
		津波一時退避場所	1	茅ヶ崎市	60	130	171	有
		協定（一時）津波避難施設	1	黒潮町	0	8	8	有
		（高台を除く）津波一時避難所	1	境港市	1	76	73	有
		津波発生時における一時避難所	1	播磨町	0	8	10	
		津波発生時における一時避難施設	1	芦屋市	16	62	63	有
	緊急	津波緊急避難所	1	伊勢市	1	95	108	有
		津波緊急避難場所	1	紀北町	10	13	13	有
		指定緊急避難場所	1	淡路市	0	0	3	
		緊急避難場所（避難施設）	1	田野町	5	5	6	有
		緊急避難場所（施設）	1	須崎市	23	4	4	有
		緊急避難場所	1	半田市	6	16	16	
		緊急避難施設	1	白老町	0	1	5	有
		浸水時緊急避難施設	1	海田町	0	0	2	
		津波・高潮緊急時避難場所	1	弥富市	21	41	42	有
		津波来襲時緊急避難建築物	1	鎌倉市	20	29	29	有
		（洪水を除く）浸水時緊急退避施設	1	大竹市	0	1	1	有
		地域津波防災計画の津波緊急待避所	1	神戸市	82	82	96	
	その他	津波避難場所	1	福山市	0	34	40	有
		津波避難施設	6	川崎市他5	45	119	125	有
		津波一次避難所	2	高砂市他1	11	37	37	有
		津波災害指定避難場所	1	二宮町	1	7	7	有
		指定避難場所	1	葉山町	15	7	12	有
		避難場所（階）	1	川越町	3	20	19	有
		津波兼洪水時避難可能建物	1	遠賀町	0	0	6	
うち限界事例		津波一時避難施設	1	大田区	0	171	171	
		一時避難場所	1	塩竈市	0	4	5	有
		一時避難施設	1	江東区	0	24	24	
		（洪水を除く）浸水時緊急退避施設	1	広島市	0	177	244	有
		津波避難所（建物）	1	舞鶴市	0	1	1	
		津波災害の指定避難場所（施設）	1	那智勝浦町	0	25	25	有
		（公園以外の）津波避難施設	1	富山市	0	21	20	有
		小計2	54	小計2	431	1,929	2,167	
		計1＋2	77	計1＋2	627	2,316	2,632	55

出所：GRIPS 津波避難ビル 2015年8月・2014年8月，MLIT・内閣府 2011年。

3 全国の現状

(1) 津波（高潮）避難ビル指定の動向

表1では，名称が「津波避難ビル」以外の対象を挙げた。全体の22.8％にあたる（津波避難ビルは76.6％）。表1の最後の欄は，各市町村の津波ハザードマップに当該区分の避難施設が表示されているかを示している。

(2) 2015年全国の津波避難ビル

まず，次頁図1で地方別に全国の津波（高潮）避難ビル数の推移をみる。2011年までは東海地震津波対策に早くから取り組んできた中部地方の割合が多い。その後南海トラフ地震津波高潮対策として，近畿，四国，九州，さらに関東や中国地方でもその数が伸びている。

次に次頁図2で全国の津波避難ビルの用途別数の地方割合を図にまとめる。図1及び図2より以下の現状が分かる。

- 数の多い用途は，民間・公的住宅と学校である。
- このうち，学校と公的住宅では近畿の割合が最も多く，民間住宅では中部の割合が最も多い。
- 他の用途では，津波避難タワーの半分が四国にある。防災センターの4割は中部にある。近畿では役所や病院の割合が低い。北海道と沖縄ではホテルの割合が高いことも特徴である。

4 津波（高潮）避難ビル指定の現状

(1) 津波避難ビル数と公的用途との関係

以下，津波（高潮）避難ビルのある299市町村を，津波避難ビル量区分別に，50棟以上（44市区8,673棟），20−49棟（49市区町1,473棟），11−19棟（52市町739棟），6−10棟（49市町村378棟），3−5棟（52市町村213棟），1−2棟（53市町村75棟）の6つに区分した。どの区分も市町村数が約50である。

14頁図3と図4より，公的施設の津波避難ビル指定に関して，以下が判明した。

- 公的住宅や学校は絶対数も多く，津波避難ビルが多い市町ほど，高い率で

第1章 沿岸都市における気候変動適応策と津波防災対策に関する調査研究　13

図1　地方別津波避難ビル数推移

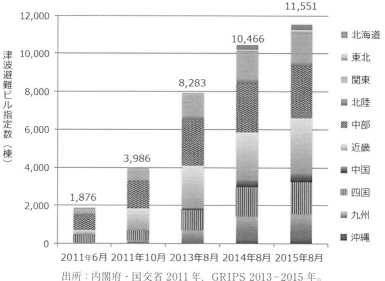

出所：内閣府・国交省2011年，GRIPS 2013–2015年。

図2　用途別地方別津波避難ビル数（2015年8月）

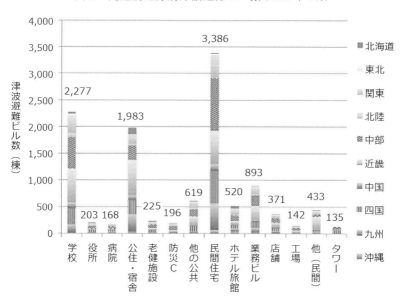

図3 公的用途別量区分別ビル数（2015年）

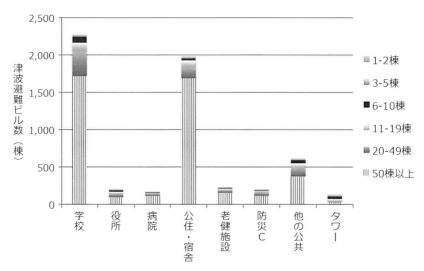

図4 用途別量区分別避難ビル割合（2015年）

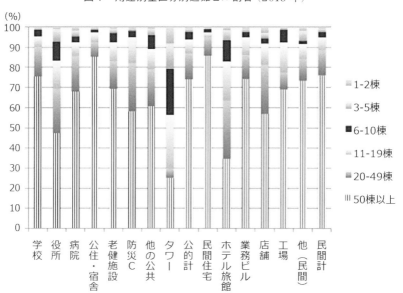

指定している。
- 役所（や民間施設のホテル，店舗）は，津波避難ビル数が少ない市町村も，一定率指定している。
- 津波避難タワーは，津波避難ビル数の少ない市町村ほど，より多くの割合で指定している。

(2) 都市規模との関係

次に，公的施設の津波避難ビルの指定について，都市規模を都市人口全体で，7つに区分して分析した。この区分は，政令指定市や中核市，町村と市の区分等の原則となる規模で区切ったものである。2014年1月1日の住民基本台帳人口を用いて区分している。

津波（高潮）避難ビルのある299市町村のうち，100万人以上（7市2,700棟），50-100万人（10市1,033棟），30-50万人（20市2,502棟），10-30万人（50市2,652棟），5-10万人（56市町1,146棟），3-5万人（50市町668棟），3万人未満（106市町村850棟）で，合計11,551棟である（次頁図5，6）。

以下では都市規模別の特徴を記述する。
- 人口50万人以上の都市は，学校全体の4割以上，公的住宅全体の35%以上を占める。他の公的用途では2割前後である。特に津波避難タワー全体に大都市が占める割合は1割弱と低い。
- 人口5万人未満では，学校，公的住宅は全体の約1割に過ぎない。他の公的用途では2-3割を占めている。特に津波避難タワーの6割強は規模の小さい都市にある。

さらに，参考として都市全体人口と津波避難ビル数の関係をグラフ化した。本来都市全体ではなく，津波被曝人口として想定浸水地域内の人口を拾えばより相関が高くなるが，本研究では市町村の対応を分析するために，都市全体人口でみている（17頁図7）。

なお，17頁図8は学校，18頁図9は公的住宅，図10は全用途の相関係数で指定数と都市人口の関係を参考図化した。

津波（高潮）避難ビル指定数が多いのは政令指定市である。また図8より，人口規模の割に学校が数多く指定されているのは，徳島市，伊勢市，延岡市，

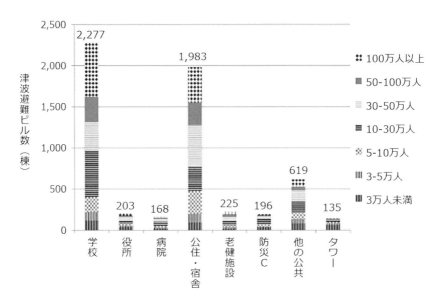

図5 公的用途別都市規模別ビル数（2015年8月）

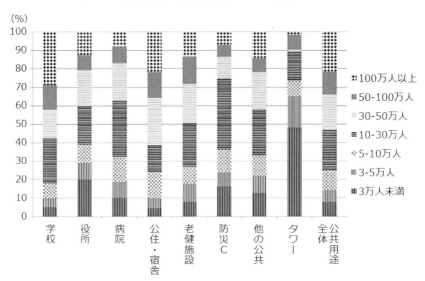

図6 公的用途別都市規模別ビル率（2015年8月）

図7 人口規模と避難ビル数の相関（2015年）

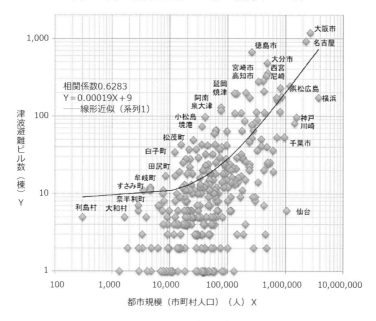

図8 規模と津波避難ビル（学校）の相関（2015年）

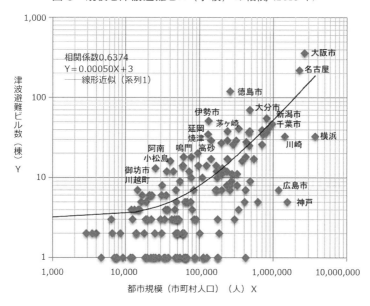

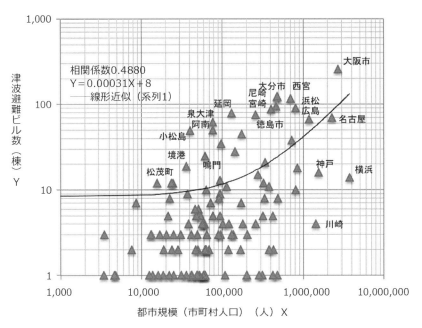

図9　都市規模と公的住宅津波避難ビルの相関（2015年）

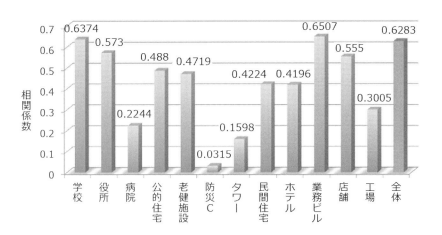

図10　都市規模と津波避難ビル指定数の相関係数（2015年）

鳴門市，阿南市，御坊市，三重県川越町などである。

なお人口の割に公的住宅が多く指定されているのは，大分市，宮崎市，徳島市，延岡市，泉大津市，小松島市，境港市，徳島県松茂町などである（図9より）。

(3) 南海トラフ地震津波対象地域の現状

20頁図11は，299ある津波避難ビルを持つ市町村のうち，南海トラフ地震津波避難対策特別強化地域内（139市町村）にある114市町村である。▲の17市は，最大想定浸水深が11m以上で避難ビルが15棟以上，●の16市町は同じく6m以上10m以下で40棟以上の市町村である。

（注）ここで公的施設の津波避難ビルが多く指定されているのは高知市，浜松市，延岡市，静岡市の4市である。いずれも100棟以上の公的施設が指定されているのは，徳島市，大分市，宮崎市の3市である。これらの市は20頁図11でやや大きめの（▲・●）マークで表している。

Ⅳ　気候変動適応策の現状

上記の全国調査から，気候変動適応策として高潮対策のある市町村を拾い出した。対象の662市町村のうち，4.2％にあたる28市町村で2014年9月時点に高潮対策が明示されていた。その内訳は21頁表2のとおりであり，ハザードマップに津波や洪水と並んで記載されている場合や，地域防災計画等で避難所の区分として高潮が記述されている場合もある。10県にまたがる28市町村は，兵庫，岡山，広島，山口，香川といった瀬戸内海沿岸と熊本県に多く，気候変動適応策の中心となっている。

（注）なお，上記10県28市町村は2013年8月時点の調査であり，2017年1月現在国土交通省の全国ハザードマップサイトでは15道県125市町村で高潮に関する情報がマップで提示されている。

内訳は北海道4，千葉県3，神奈川県1，愛知県5，兵庫県13，岡山県7，広島県11，島根県2，山口県15，香川県12，愛媛県6，佐賀県4，熊本県14，鹿児島県8，沖縄県20の合計125の沿岸自治体である。このうち瀬戸

図11 南海トラフ対策特別強化地域内の市町村（2015年）

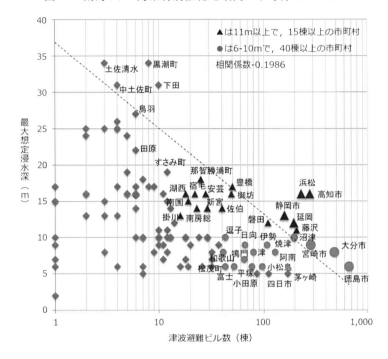

内海沿岸が64自治体と過半数を占めている。

V　津波（高潮）避難ビル指定の課題

1　津波（高潮）避難ビルの指定に関する課題

　2011年の国の調査時点では，全津波避難ビルの約35％が公的施設とされていたが，その後公的施設が多く指定された。現在では約半数の津波（高潮）避難ビルが公的施設となっている。津波（高潮）避難ビルは想定浸水域内にあることが原則なので，浸水想定が2012年から2013年にかけて大幅に見直されたとはいえ，多くの公的施設が津波の恐れのある地域に立地していることになる。

　また，学校や公的住宅に比べ数は少ないが，役所庁舎や病院が浸水想定区

表2　気候変動適応策（高潮対策）のある市町村（2013年8月）

区分	高潮ハザードマップ作成＋（避難所に記述）	
浸水深 3m超	愛知県弥富市	山口県光市
	岡山県瀬戸内市	山口県上関町
	山口県下関市	山口県山陽小野田市
	（兵庫県播磨町）	（宮崎県門川町）
	（島根県知夫村）	（宮崎県門川町）
	（沖縄県宜野湾市）	
浸水深 3m以下	兵庫県高砂市	熊本県荒尾市
	広島県竹原市	熊本県水俣市
	山口県防府市	熊本県玉名市
	山口県山口市	熊本県宇城市
	山口県下松市	熊本県長洲町
	山口県岩国市	熊本県氷川町
	香川県丸亀市	熊本県芦北町
	熊本県宇土市	熊本県苓北町
	熊本県八代市	

域内にあるのも課題である。

さらに，「津波避難ビル」という用語が大部分を占めるが，10頁表1でもわかるように，多くの市町村で同じ目的の施設に，様々な名称をつけている現状もある。

本研究では，沿岸部の気候変動適応策の全国状況を調べた。その結果，（一時的な）避難施設を量的に，公的用途別，都市規模別，想定浸水深別に概観したものである。

2　南海トラフ地震津波避難対象地域での課題

津波対策の上でより深刻な地域としては，南海トラフ地震津波避難対策強化地域と特別強化地域が挙げられる。本研究で明らかになった，このような地域での津波避難ビル指定に関する課題は，対象となる都市環境と都市規模，施設の用途ごとに次のように指摘できる（22頁図12）。

- 強化地域内の政令指定市や中核市では，津波避難ビルの量的な拡大を短期間にした。そこで，都市によりばらつきはあるが，公的施設をより多く指

図12　南海トラフ対策強化地域内の市町村（2015年）

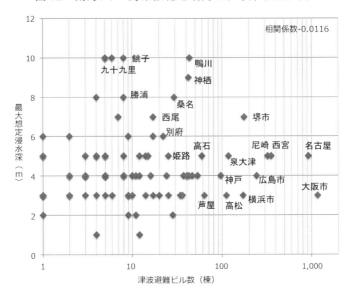

定する傾向にある。学校は耐震改修が進んでいるが，他の公的施設では構造の確認が必要である。

- 特別強化地域内の人口10万人以上の市（50万人以下で想定浸水深6-10mが多い）でも，短期間に津波避難ビルの量的拡大を図った。そのため，マンション，アパート等の民間住宅も多く指定している。このような場合も所有者の同意，構造の確認などが必要である。
- 特別強化地域内で11m以上の想定浸水深となる市町村は，公的住宅を比較的指定していない。元々危険な地域に住宅がなければ良いが，理由を確認する必要がある。
- 他の災害時に避難所となる学校が，津波（高潮）避難ビルに指定される場合も多い。この場合いわゆる避難所でなく一時的・緊急的な避難場所であることの周知に留意する必要がある。また，常時外階段が開放される公的住宅と異なり，学校開放時間以外の校舎の利用方法・住民への周知等も必要となる。

Ⅵ 結 論

　「津波(高潮)避難ビル」は東日本大震災後，特に南海トラフ地震津波対策として急速に指定数を伸ばしている。2011年の国の調査に比べ，2015年現在，棟数で3倍近く増え1万棟を越えている。また，質的にも2011年には約3分の1だった公的施設が，現在約半数になっている。

　高潮対策も含め，最近急増している津波(高潮)避難ビルとしての公的施設に関して，指定の現状を調査して諸課題を見出すことが本研究の目的である。津波避難ビルの指定は，東日本大震災で一定の有効性が確認されており，費用対効果の点からも，期間的にもハード対策の中では比較的優れている。そこで，調査結果からもわかるように，特に最近，全国沿岸地域の津波や高潮の恐れのある都市環境の中で，多く活用され始めている。

　しかし，津波浸水想定の見直しや東日本大震災の教訓を踏まえて，指定した後も，住民への周知，避難訓練等のソフト対策を交えて，津波(高潮)避難ビルがより有効に活用される必要がある。さらに可能ならば，都市環境の立地適正化の観点から，人口減少対策の一つとして，より長期的な対応も視野に入れる必要があろう。

【参考文献】
安藤尚一(2014)「全国の津波避難ビルの実態と動向分析」地域安全学会大会(静岡)。
安藤尚一(2014-16)「津波浸水想定に基づく津波避難施設のあり方に関する研究」科研費(C)，政策研究大学院大学，2014-16年。
小川雅人・坪井塑太郎・畔柳昭雄(2015)「津波避難ビルの建築的特徴と地域的傾向に関する研究——南海トラフ巨大地震に伴う被害想定地域を対象として」『日本建築学会計画系論文集』80巻707号，pp.221-230。
内閣府・国土交通省(2011)「「津波避難ビル等」に関する実態調査結果2011年6月30日，同10月31日」。

第2章

浜の生活・産業・文化

石橋 理志・伊藤 香織

はじめに

　三陸沿岸地域は，リアス式海岸の複数な入り江に取り付くよう集落が形成されるため，海岸沿いに多くの集落が点在している。津波が頻繁に発生することから，津波常襲地と呼ばれ，東日本大震災でも大きな被害を受けた。東日本大震災の復興の過程では，いくつかの市街地や集落で津波防潮堤建設をはじめとする地域の防災・減災の考え方に関する住民合意の困難が生じた。本章で対象とする鮪立(しびたち)集落も同様の困難に直面してきた。いくつかの理由が考えられるが，そのひとつは，地域で培われてきた産業や社会と巨大構造物など挿入される新たな論理との折り合いがつけにくいことにもあろう。災害復興や減災計画を考える際に，地域の環境とそれを活かして営まれてきた地域の生活・産業・文化を理解することは重要なことである。そのことによって，地域固有の防災・減災の考え方を創造的に検討する下地が作られると考えられる。

　そこで本章では，三陸沿岸地域の発展に寄与してきた歴史を有する唐桑半島の鮪立集落を対象に，集落のもつ人々の活動の履歴が空間に現れる性質に着目し，産業と親類関係から空間の変遷を読み解き，集落の社会・空間の特徴を明らかにする。この集落のもつ独自の社会・空間構造を理解することは，今後の地域における減災を考えるための一助になると考えられる。

I　対象地

1　対象地の概要

　鮪立は，宮城県北東端にある唐桑半島に位置する（次頁図1）。2006年に気仙沼市に合併されるまでは，宮城県本吉郡唐桑町の一部であった。唐桑半島の東側は太平洋の大海に面しているのに対して，鮪立は半島の西側で向いには大島があり，穏やかな海に面している。鮪立の地形は鮪立湾を囲んですり鉢状になっており，平地部が少ない。

　歴史的には，718年に布教のために紀州より来た船が最初に着岸した場所が鮪立だと言われている。現在もある鈴木家古館という旧家が，奈良時代に船で渡ってきた人々の子孫だと考えられる。1675年には同じく紀州の漁師が鮪立浜に上陸した際，住民に手厚く迎え入れられ，見返りに鰹溜釣り漁法を住民に伝授した。その後，この漁法は三陸沿岸地域に広まり，同地域の発展に大きな影響を与えた。昭和に入ってからは，唐桑町全体で漁業が盛んに行われ，唐桑御殿と呼ばれる豪邸が立ち並んだ。その中でも鮪立は最も栄えた集落であった。また地域内から縄文時代前記の土器や石器が出土されており，古くから定住があったこともわかっている。

　鮪立を含む旧唐桑町の人口（28頁図2）は1955年をピークに減り続けている。東日本大震災を機に地域を出た住人もおり，近年の人口減少はより顕著になっている。また，鮪立の人口構成は，28頁図3の通り高齢化が進んでいる。

2　東日本大震災の被災と防潮堤

　『唐桑町史』(1968)等を参照すると，東日本大震災による津波は，869年（貞観11年）の津波から，この地域に到達した26回目の津波であり，おおよそ45年に1度の頻度で津波被害を受けていることになる。明治以降の鮪立の主な津波被害を29頁表1に示す。東日本大震災では，津波の到達高は10～12mに及んだ。聞き取り調査による浸水域を29頁図4に示す。

　復興事業として，被災者住居については，集落内で防災集団移転促進事業による高台移転及び災害公営住宅の用地整備・建設・入居が進められている。

図1　鮪立の位置

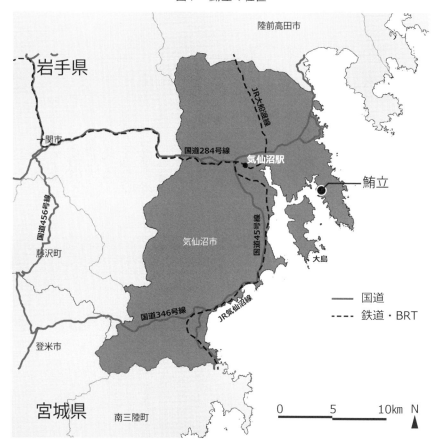

　津波防潮堤については，2011年7月に農林水産省及び国土交通省の「設計津波の水位の設定方法等について」によって，痕跡高や史料等による過去の津波の実績と，必要に応じてシミュレーションすることにより，数十年から百数十年に一度程度（L1）の津波高さを基準とすること，地域海岸ごとに高さを設定することなどの基本方針が通知された。これを受けて宮城県は，同9月に鮪立を含む「唐桑半島西部2」地域海岸の基本計画堤防高を東京湾平均海面（TP）+9.9mとして発表した。これは，当該地域海岸に対するシミュレーション値をもとに，防潮堤によるせり上がりを考慮し，さらに1mの余裕を確保

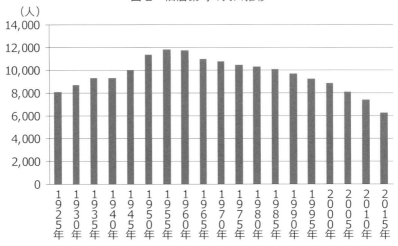

図2 旧唐桑町の人口推移

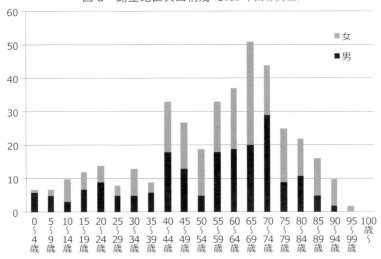

図3 鮪立地区人口構成（2015年国勢調査）

した値と説明されている。

　2012年7月に宮城県は鮪立での津波防潮堤計画の住民説明会を開始した。一方，地元では，しばらくは自治会が窓口となり有志住民の話し合いがもたれた後，地元主導でまちづくりを考える組織を整えるために，自治会の下に「ま

表1　鮪立の明治以降の主な津波被害

名称	発生年	津波到達高さ	死者	流出全壊家屋
明治三陸津波	1896	4.0m	67名	39戸
昭和三陸津波	1933	3.3m	0名	13戸
東日本大震災	2011	10.0m	8名	71戸

出所：『唐桑町史』及び聞き取り調査による。

図4　東日本大震災での鮪立の津波浸水域
（東日本大震災浸水域　■■）

3日間に及ぶ住民の方々への聞き取り調査を元に，浸水域マップを作製した。

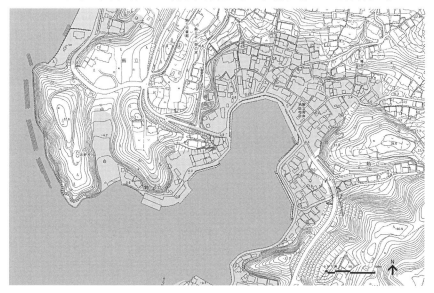

出所：3大学サポートチーム（2013）「漁業集落から見た復興の課題」
　　　トヨタ財団2012年度国内助成プログラム報告書。
地図の出所：国土地理院災害復興計画基図。
作成日：2011年8月26日。

ちづくり委員会」が2013年2月に発足した。同3月に行われた全戸配布アンケートでは，3分の2の住民が防潮堤は必要と考える一方，TP+9.9mという高さの支持は3分の1程度であった。職業別には，次頁図5に示すように，特に養殖業や漁業を営む住民では防潮堤不要の回答の割合が高かった。なお，

図5 防潮堤の高さの希望の職業別アンケート結果

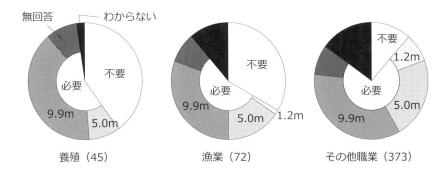

アンケート中のTP+1.2mは震災前の堤防高，TP+5.0mは明治三陸津波の記録にある4mの津波に1mの余裕を確保した代替案として挙げられていた。その後，まちづくり委員会では，ワークショップなどを経てTP+5.0mの代案を作成している。

鮪立でTP+9.9mへの支持率が低かったひとつの理由は，基本方針に沿って決められた基本計画堤防高にあると考えられる。第一に，L1に当たる明治三陸津波の高さの記録（4m）とシミュレーションの結果（8.9m）との差が大きいこと。第二に，過去の津波でも周辺の浜より鮪立では津波高さが低かった記録があるものの，地域海岸の考え方で周辺の浜に合わせた高さになっていること。すなわち，鮪立の住民が歴史的に体感してきた津波とシミュレーションで決められた防潮堤とに齟齬があったと言えよう。

養殖業や漁業を営む住民では防潮堤不要の回答の割合が高かった理由は，海と陸の接する浜が産業のためにどう使われているかにある。第一に，養殖業では，浜と作業場との行き来や運搬が頻繁であるため，高い防潮堤を一日に何度も乗り越えるのは現実的ではないこと。第二に，鮪立はすり鉢状地形で平地が狭いため，防潮堤が建つと平地がほとんどなくなり，網の手入れなど養殖・漁業の作業をするスペースが失われること。すなわち，災害という非日常のための備えと産業という日常の利用とが折り合わないために起こる問題と言えよう。

基本方針に沿って決められた基本計画堤防高については，その後，地元の

粘り強い交渉が実を結び，地域海岸から鮪立を外して，より解像度の高い海底地形データを用いて再シミュレーションすることが認められた。その結果，2014年9月にTP+8.1mが県から提示された。養殖業・漁業の側面は解決されたとは言えず，まだ高すぎると考える住民も少なくなかったが，最終的にTP+8.1mで地元合意となった。さらに，防潮堤用地の地権者である養殖業を営む住民が無堤を希望したことにより，当該土地まで防潮堤を延ばさない平面形状で計画が進められている。

　そのほかにも景観，土地利用，海洋環境など，いくつかの論点で議論がなされてきたが，復興事業の枠組みや時間的制約もあり，地域固有の環境と社会に即した独自の復興計画を作り得たとは言い難い。これは，鮪立だけでなく，東日本大震災で被災したほとんどの地域に言えることだろう。

　こうした現状を念頭に置きつつ，以降で鮪立独自の地勢と産業と生活を明らかにしていく。

II　調査及びデータ

1　調査概要

(1)　聞き取り調査

　2011年7月から2012年12月までに，8度にわたり計45日間現地に滞在し，聞き取り調査，実測調査などを行った。聞き取り調査からは，各戸の屋号，船主・漁師・養殖に従事した世帯の生活行動，親類関係を把握した。なお，屋号とは，屋敷を含めた住居及び世帯に付された呼称であり，同姓の世帯が多い村で相互に呼び分けるために必要とされ，鮪立では現在も用いられている。また，親類とは，本家−分家関係を構築する世帯の集合のことで，親戚とほぼ同義だが，鮪立では親類という呼び名が用いられる。親類関係調査の結果概略を親類の大元となる大本家ごとに，その親類に属する戸数でまとめた（32頁表2）。鮪立全体では11系統の親類があり，合計121戸を把握した。

(2)　文献資料調査

　唐桑町商工会が2005年に発行した「唐桑町屋号電話帳」を屋号調査の補

表2　大本家名（屋号）と親類の戸数

屋号	戸数	屋号	戸数	屋号	戸数
古館	22	中西	6	上川向	6
西之前	20	長浜	15	牛畑	8
西	4	上東	9	地田浜	15
上船本	7	樋ノ口	9	計	121

足として用いた。また，安永8年（1780年）に仙台藩が実施した領内の地誌調査「風土記御用書上」から鮪立内屋敷名を屋号で把握した。

(3)　航空写真を含む地図資料調査

土地利用の変遷を調べるために，陸前國本吉郡唐桑村地籍図（1882年）（33頁図6），国土地理院により公開されている空中写真（1946年，1947年，1961年，1977年，1981年，2001年），気仙沼市の空中写真（2007年）を使用した。東日本大震災後については，国土地理院が発行する災害復興計画地図（2011年）を用いた。この地図には2m間隔の等高線と，現存しない東日本大震災直前の住宅も書き込まれている。

2　データ作成

(1)　屋号地図作成

屋号を地図上で対応する住宅に書き込み，地図を作成した。そこに聞き取り調査で把握した職業と親類の情報を付加した。

(2)　各年代の集落構成図の作成

航空写真を含む地図資料から各年代の集落構成図を作成した（33頁図7）。

Ⅲ　集落空間の変遷

集落の現状と各年代の集落構成図から集落空間の変遷を捉える。

第2章 浜の生活・産業・文化　33

図6　陸前國本吉郡唐桑村地籍図（1882年）

出所：「絵図面 本吉郡唐桑村」宮城県公文書館所蔵，S63-1254。

図7　集落構成の変化

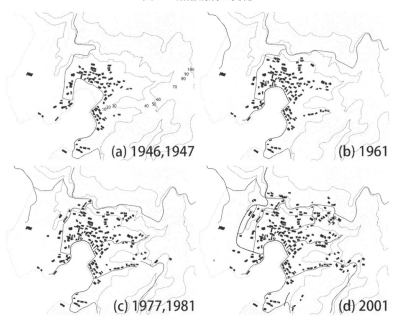

図8　集落空間を構成する要素

1　集落空間を構成する要素

集落空間を構成する6つの主要な要素（図8）を地図上に示した（35頁図9）。

図9　東日本大震災後の空間構成

1) 港周辺

　東日本大震災の浸水域の一部は現在は防潮堤用地となっている。

2) 住　宅

　屋号地図で把握した住宅は約170戸で，そのうち約80戸が浸水域内にある。なお，明治・昭和三陸津波では一部の住民が分散移転し，東日本大震災では被災世帯の集団高台移転等が進められている。

3) 畑

　畑は斜面に立地し，造成されることなく，地形に沿って斜面のまま使われ，宅地と宅地の間や宅地と道路の間に位置する。

4) 道　路

　道路は等高線に対して概ね直交する道（以下，たての道）と等高線に概ね沿った道（以下，よこの道）で構成され，幅員は歩車分離二車線，二車線，歩行者道の三種類に分けられる。歩行者道は，新たな宅地をつくる際に住民自身が整備したものが多い。

5) 沢

集落内に 6 本の沢が流れ，その脇をたての道が通ることが多い。

2　各年代の集落構成

作成した集落構成の変化（図7）から，各年代の特徴を以下に挙げる。

1) 1882 年（図6）

明治三陸津波を受ける十数年前である。港から標高 10m 付近まで宅地であったと考えられる。10m より上の斜面には畑が広がっている。

2) 1946, 1947 年（図7(a)）

昭和三陸津波の十数年後で，宅地は標高 30m に達しているが，依然港周辺が密集している。畑は標高 100m 付近まで拡大し，集落一面に広がった。現在と海岸線は異なり，自然の浜になっていて桟橋がついている。道路は鮪立浜を通り隣り合う集落につながる一本のみで，主要交通が海路であったことが伺える。湾内には養殖筏が浮かんでいた。

3) 1961 年（図7(b)）

宅地エリアの拡大はないが，それ以前に比べて標高 30m 付近の密度が高まった。山を越えた隣の地区へ続く標高 50m 付近を通るよこの道が開通した。また，護岸工事に伴い，港沿いのよこの道ができたことから，港を強化した時期と言える。

4) 1977, 1981 年（図7(c)）

港沿いのよこの道から上がる 2 本のたての道が通る。また標高 50m 付近のよこの道及びそこから港をつなぐたての道の周囲に宅地が増えた。道路の重要性が増していることから車も交通手段になってきていると言える。

5) 2001 年（図7(d)）

隣の集落から港に繋がる歩車分離二車線道路が開通した。標高 50m 付近の宅地が増え，東日本大震災震直前と変わらない。戦後から大きな変化のなかった畑だが，この頃には面積が減り，高さも標高 60m 付近までである。物流が発達し，食糧が十分に満たされたためと考えられる。

6) 2007 年

隣の地区と集落を繋ぐ歩車分離二車線道路ができる。この年に鮪立と気仙

沼を結んでいた客船が廃止になり，車が主要交通手段になった。

3 小括

明治三陸津波以前の集落は，港付近に宅地が密集し後背地の斜面に畑が広がっていた。その後，津波や交通手段の変化によって，道路ができ，宅地は年輪のように広がり，一方で畑は宅地に取って代わられるように縮小していったことがわかった。また港付近にはいつの時代も宅地が広がっていることが確認できた。

Ⅳ 産業と生活行動の変遷

日常的な集落空間の使われ方を把握するため，産業の変遷と職業別の生活行動を明らかにする。

1 集落内産業の変遷

舛田（1968）を参考に，鮪立における産業の変遷を明治初期から現在まで3つの時期に分けて整理する。

1）和船の時代：1860～1910年代

明治初期から大正にかけて，鰹釣漁と曳網漁を和船で行っていた。そのため，漁師は鮪立から比較的近い沖合の漁場に毎日往復していたと考えられる。

2）動力船の時代：1910～1970年代

動力漁船による鰹漁を中心とする船主が現れる。その結果，漁場が遠くまで広がり，船は一回の漁で3日ほど海に出るようになり，漁師が集落にいる時間は減った。1930年代に鰹・鮪漁は全盛期を迎えるが，戦後から徐々に衰退し，1974年に鰹船船主は鮪立からいなくなった。

3）養殖の時代：1970年代～現在

鰹漁の衰退が顕著になった頃，以前から行われていた養殖に転換する漁師や船主の世帯が現れ，1974年以降養殖は鮪立の主要な産業となった。鮪立での仕事がなくなった漁師の多くは，他地域に出稼ぎに行った。現在は，養殖5

表3　産業別生活行動と住宅の立地

業種	船主 (鰹・鮪船，鰹節製造)			漁師 (鰹一本釣り，鮪延縄)			養殖 (のり・わかめ，牡蠣・帆立)		
仕事	船を所有・管理，出航前準備			船乗り			養殖，加工，販売		
軒数	9軒			129軒			18軒		
宅地高さ	0〜10m	10〜30m	30m〜	0〜10m	10〜30m	30m〜	0〜10m	10〜30m	30m〜
	8軒	1軒	0軒	55軒	28軒	46軒	13軒	2軒	3軒
	港付近の低地に立地する			高さを選ばず立地する			港付近の低地に立地する		
空間利用	港の桟橋から斜面の畑を所有			妻が自宅と港を行き来			湾-港の工場が活動の拠点		
夫	自宅			海			湾-港-加工場		
妻	自宅			自宅-畑，加工場			湾-港-加工場		
備考	・監視のため港付近に居住 ・船に乗せる食糧のため，畑を所有 ・使用人がおり，畑等を管理 ・5〜10月は鰹，11〜3月は鮪			・夫はほぼ海上にいて3日に一度帰る ・漁師を半期，養殖を半期行う人もいる ・妻は夫のいない間，家事・育児・畑仕事を行い，ときには養殖加工場で働く ・畑は家庭菜園として使い，子供や祖母も畑仕事を行う			・海水を必要とするため，港付近に工場が必要．港付近に住む傾向がある ・加工場は女性のネットワークができる ・収穫を午前中に夫婦一緒に行うが，午後は翌日準備のため夫は港に，妻は加工作業をするため作業場にいる		

注：リタイアした住民も含めて聞き取り調査を行っている。

軒，船主は2軒，漁師は数名にまで減った。

2　職業別住宅立地と生活行動

　聞き取り調査から，船主・漁師・養殖それぞれの仕事の概要，生活行動，住宅立地等をまとめた（表3）。船主と養殖は港近くに住宅が立地すること，船主は港の桟橋から高所の畑までの土地を所有する必要があったこと，養殖は湾と港を活動の拠点とし，加工場は女性の雇用の場になっていたこと，漁師の妻は港の加工場や畑を行き来し，集落を横断的に使っていたこと，畑には

図10　各親類の分布

船に乗せるためと家庭菜園の2つの役割があることなどがわかった。

3　小　括

　鮪立内での産業を明治以降から現在まで和船，動力船，養殖の3つの時期に分け，把握した。職業によって住宅の立地にまとまりがあること，湾−港−畑まで集落空間全体が使われていたことが明らかになった。

V　親類関係に基づく住宅立地の分布

　鮪立では，家を新しく建てる際に本家の土地に分家する傾向があるため，11系統の親類とその大本家の分布から，大本家が所有していた土地を明らかにする。

1　大本家の分布

　大本家全11戸の分布（図10）をみると，古館と樋ノ口を除く他9軒は，標

高0〜2mの低地に住み，旧浜沿いに横一列に並んでいることがわかる。屋号を住宅立地の順に西側から並べると，古館，西之前，西，上舟本，中西，長浜，上東，牛畑，上川向，地田浜，樋ノ口，になる。屋号内に含まれる方位と現在の立地が同順であり，その他も舟や浜という海に近い字であるため，大本家の立地に大きな変化はないと考えられる。なお，11戸の大本家のうち，西と樋ノ口を除く9戸は，安永8年（1780年）においても存在が確認できる。また大本家のほとんどは船主であった。

2　各親類の分布

11系統の親類の住宅立地（図10）から，各親類の分布の特徴を類型化した。

1）集中型
同じ沢沿いの低地または低地から高台まで住宅が集まって立地している。

2）集中分散型
集中型の特徴を持つが，同じ沢沿い以外の場所への分散も見られる。親類に属する住宅の戸数が他に比べて多い。

3）分散型
沢沿いの集中が見られず，立地が比較的分散している。

3　小　括

各大本家は，もともと低地の港沿いに並んで家を構え沢沿いに土地を所有しており，その後分家した世帯は，大本家の土地でより標高の高い位置に家を構えたため，沢沿いに同一親類が分布するようになったと考えられる。

おわりに

本章の空間・産業・親類の分析から，親類の住宅分布からは沢沿いの連なりが，産業からは標高の使い分けが，それぞれ地形に沿って空間に現れ，集落の秩序をつくりだしていることが明らかになった。こうした集落社会空間の特徴は，海を介して外とつながり，かつ，食糧の少なかった時代の共同体システムの表れと考えられる。

こうした集落社会空間がどう機能していくかは，時代によって大きく変化する側面と，本質として変化しない側面とがあると考えられる。分析結果を踏まえて，集落構造を活かしながらこれからの生活と減災を成り立たせる可能性を考察し，現計画に対するひとつの代替案として仮想する。

(1) 集落の立地・地形

古くからこの地に定住があり地域文化の発信地となってきたことは，海との関係における立地・地形の優位性によるものであると解釈できる。太平洋沿いながら穏やかな海に面し，湾の形状からも自然の良港であり，周囲の山から運ばれてくる養分が豊かな湾を作り出しているとも言われている。そのため，集落構造も湾を中心としている。一方，外部とのつながりについては，かつては海路中心であった交通手段が徐々に変化し，現在では自動車交通が主となっている。年を追うごとに道路が充実してきたとはいえ，陸上交通が便利な立地とは言い難い。

したがって，海と集落とのフィジカルな関係を大きく変えることは，集落の特長を活かし弱点をカバーするという観点から望ましいとは考えられない。それが，防潮堤に対して地域の人々が同意しかねた背景にもあったのではないだろうか。

(2) 産業

一方で，産業については，沿岸漁業，沖合漁業，遠洋漁業，養殖業と時代によってその形式を変えてきており，現在では船主，漁師ともに激減している。震災後は出荷するだけの養殖ではなく，体験型プログラムなども用意する業者が増えており，リアス式海岸の美しい景観も相まって，今後もツーリズム要素を加えていく余地はあろう。海と集落とのフィジカルな関係は大きく変えなくとも，産業面では現代社会に応じた様々な工夫をしていく必要がある。

(3) 住宅

津波常襲地でありながら常に港周辺を中心に人々が住み続けてきたのは，かつては集落共同体で助け合って生きており，また，家財道具も現在ほど多くなかったため，数十年に一度の災害の被害を避けて高い場所に住むことより，

生活・社会・産業の中心である港近辺に住むことを優先したためと推測される。しかし，住宅の建て方も，家財道具の量も，私有の概念も進んだ現代社会においては，同様の考え方は難しい。鮪立では業種によって居住する標高が異なる傾向があり，船主や養殖業を営む者は港付近の低地に住んでいたが，東日本大震災の被災で転出した世帯もある。震災後，災害危険区域条例によって住宅の建築制限を実施している自治体も多く，区域内には商業，産業，公園等の空地などが計画されている。鮪立でも，新たな産業の形式やコミュニティのあり方を考慮した港周辺の土地利用を検討する必要があるだろう。

(4) 親 類

鮪立では，大本家が沢沿いの土地を所有し，沢沿いに親類の宅地を拓くシステムがあった。このシステムに従えば，まとまった造成をせずに集落内高台移転の可能性があり，港周辺の居住を避けながら集落の構造を活かした土地利用計画が検討できたのではないだろうか。

こうした減災とまちづくりの考え方を実現するためには，集落全体の計画とともに集落の社会の中でのフレキシブルな協力関係が必要となる。かつて住民が自ら集落内のたての道を延ばしていったように，自分たちの集落を自分たちで作っていくという覚悟も必要であろう。鮪立においては，実際は TP+8.1m の防潮堤建設が決まっている。地勢に対して産業と生活が一体的に機能していた地域が，交通・産業・流通が変化した現在どのようなまちづくりを行っていくのか，既存の産業や生活と相容れない防潮堤といかに共存し，どのような減災方法を備えていくのかについては，今後検討していく必要があろう。

【謝辞】
　本研究の調査に当たって，鮪立の住民の方々のご協力を賜った。記して厚く感謝の意を表す。本研究の一部は，トヨタ財団 2012 年度国内助成プログラムの助成を受けて実施された。

【参考文献】
唐桑町 (1968)『唐桑町史』。
舛田忠雄 (1968)「漁村における「家」の変容過程――三陸地方・遠洋漁村における一漁家の事例」『東北大学教育学部研究年報』16，pp.59-97。

第3章

東日本大震災後の歴史的町並みの復興と再生

郭 東 潤

はじめに

　世界各地には地域の歴史や伝統を表した様々な歴史的建造物や歴史的町並みなどが存在し，これらの地域資源を生かした都市再生やまちづくりの考え方はもはや当たり前になっている。

　近年，日本においても歴史的環境の保全という課題は，景観に対する意識が向上されるなかで，歴史的建造物のみならず，さまざまな歴史的資産が地域の個性を演出する素材としてとらえるようとなった。言い換えると，これまでの歴史的資産を「保存」の概念からいろいろな方策に「活かす」という考え方を加え，現代向きの「再生」の概念に至ったと考えられる。

　2011年3月11日に発生した東日本大震災時の千葉県の被害は，東北3県と比較すれば小規模であったが，津波被害は外房地域，液状化被害は浦安・習志野・千葉市の東京湾沿岸部に大きな被害を与えた。特に香取市佐原地区（次頁写真1）では，地震による家屋の倒壊や液状化による道路損壊・上下水道の断水など多大な被害を受け，歴史的町並みは一変した。

　本章では震災後，佐原地区の歴史的町並みの復興と再生への取り組みについて紹介したい。

写真1　佐原地区の歴史的町並み（著者撮影）

I　佐原地区の歴史的町並み保全の取り組み

1　佐原の重伝建地区の概要

　佐原地区は香取市域の北西部に位置し，小野川が中央部を南北に流れている。江戸時代から利根川水運による物資集積地として発展し，近世には河港商業地として繁栄した。近世の初めに利根川の瀬替えが行われ，江戸への物資を輸送する高瀬船が行き交った。こうした繁栄を伴って明治時代以降も活発な商業活動が続けられたが，1960年代後半になると，モータリゼーションの発達により川沿いと結びついていた商業活動は停止し，商業立地を失われた。
　市街地は近世初期，香取街道沿いと，それに直交する小野川沿いに塗家造りや木造町家，土蔵，そして洋風建築など，時代の変遷を示す町並みが形成された。現在の歴史的町並みはその交点である忠敬橋を中心に広い範囲に分布している。

2　住民による歴史的町並み保全

　1991年に歴史的町並み地区の住民を中心とした「小野川と佐原の町並みを考える会（以下，考える会）」が組織された。当時の考える会は町並み保存やまちづくり検討，ボランティア活動を目的とし，約20名のメンバーから始まった。

写真2　佐原町並み交流館（著者撮影）

　まず考える会は地域の住民に保存に対する重要性を認識させるために、各町内を中心に町並み保存の住民説明会の開催や先進地の視察を行った。また、各町内の一軒一軒ずつ回りながら住民との話し合いを通じて修復の可能性の判断をするためにABCランク付けや家並み調査に取り組んだ。これらの調査に基づき、1993年「佐原地区町並み形成基本計画」が作成され、現在の歴史的町並み保全の土台となり、1996年、関東地区からは初の重要伝統的建造物群保存地区（以下、重伝建地区）に選定された。
　考える会は2004年にNPO法人を取得し、三菱館を拠点に業務委託しながら佐原町並み交流館の運営や多様なまちづくり事業と活動を進めている[1]（写真2）。

II　歴史的町並みの修復と再生へ

1　歴史的町並み地区の被害実態

(1)　建造物の被害
　平成20年住宅・土地統計調査（総務省）によると、香取市全体の建物被害

---

(1)　三菱館は東京三菱銀行（当時）の店舗として営業されたが、2003年の撤退後、佐原市が土地と建物を取得し、現在の「佐原町並み交流館」に改修された。交流館では展示や考える会による観光案内など、佐原地区の観光まちづくり活動拠点として活用されている。

は 6,190 棟であり，その中でも重伝建地区が大きく，全 300 余軒中 3 分の 1 以上が被害を受けた。特に地区内の半数以上の木造建築物が地震の揺れによる土葺き屋根瓦の滑落や土蔵の損傷，建具の破損などの被害があった（47頁写真 3，4）[(2)]。

(2) 液状化現象の発生

上述の建造物の被害以外にも，新島地区を中心とする農地や住宅地において道路に泥が噴出するなどの液状化現象が見られた。特に被害が大きかった市役所周辺地区は 1900 年代初め頃，沼地であった場所を市街地として整備するために埋め立てられた地区である。松本ら（2012）は液状化現象を引き起こした要因について，埋め立てに使われた土が利根川の川砂であると述べている。

2　歴史的町並みの修復・修景補助

建造物の修復過程には伝統的建造物の修復方針や補助金制度の対象となる建築行為の違いによって，国指定文化財，県指定文化財，伝建地区（文化財保護法），景観形成地区（佐原市歴史的景観条例）といった区分に応じて実施される。ここでは，修復に当てられる補助金の割合と，行政と所有者と考える会による修復・修景活動の取り組みについて述べたい。なお，修復に当てられる補助金の割合に関しては，建物所有者の同意が得られた 6 件を対象とする（48頁表 1）。

(1) 補助金制度の割合

国指定と県指定の文化財の場合，国，県，市の補助金割合は例規の内容によって割合が異なる。特に国が定めた緊急事態における文化財への補助金制度によって，国の補助金割合が 5 割から 7 割に増加した。

伝建地区と景観形成地区の場合，所有者であっても建替え，増・改築，移築等の建築行為や修理が制限される一方，周囲の景観と調和した修理・修景

---

(2)　町並み保存地区の被害状況をみると，重伝建制度によって修復された建造物の被害は割と少なかったが，県指定有形文化財（8 件，13 棟）の建物の屋根部分はほとんど大きな被害を受けた。

第3章 東日本大震災後の歴史的町並みの復興と再生　47

写真3　正上醤油店（千葉県有形文化財 1832 年）

写真4　福新呉服店（千葉県有形文化財 1895 年）

出所：写真3, 4「佐原町並み交流館」HP。

表1　調査対象建造物の概要

区分	建造物名	所有形態	備考
国指定	伊能忠敬旧宅	区の史跡	香取市の管理
県指定	服新呉福店	個人所有	土蔵造の店舗
伝建地区	植田屋荒物店 佐藤金物店	個人所有 個人所有	伝建地区特定物 伝建地区その他一般建造物
景観形成地区	亀村本店 与倉屋	個人所有 個人所有	景観形成地区指定建造物 景観形成地区その他建造物

が求められる。そのため，一定の基準に合致した場合には所有者に補助金助成がなされる（次頁表2）。

　植田屋荒物店は，通常の町並み保存事業や街並み整備事業の場合，国：県：市の補助金割合が50：25：25であるに対し，町並み保存事業災害修復が適用され，補助金割合が70：20：10となった。

　一方，佐藤金物店，亀村本店，与倉屋の場合，考える会による寄付金の一部のみが支援された。町並み保存事業助成金から補助が受けられなかった理由は，災害そのものが緊急事態であるため，例規に該当しなかったためである。

3　修復・修景への取り組み

(1) 行政による修復・修景の取り組み

　一般的な行政の修復・修景手続きは，建築的に保存すべきである文化財と外観的な町並み保存の2種類に区分され扱われる。しかし，突然の東日本大震災時では建築的に保存すべきである文化財を中心に管理されていたことで，国土交通省または文化庁への補助金の申請が行われた。補助対象外となった建造物の内部は，被災者生活再建支援法によって整備された（限度額50万円）。

(2) 行政による修復・修景の取り組み

　所有者の場合，様々な補助制度や修復・修景の重要性については理解を示しているものの，実際，ルールの順守範囲や修復・修景の取り組みについては

表2　調査対象建造物の概要

建造物名	補助制度の適用 [（　）は適用前]
伊能忠敬旧宅	国70%（50%）：県15%（25%）：市15%（25%）
服新呉福店	県：75% うち国補助70%（県1/2） 市：20% うち国補助70%（市1/6） 所有者：2.5%（1/3） 考える会：2.5%（1/3）
植田屋荒物店	国70%（50%）：県20%（25%）：市10%（25%）
佐藤金物店	見舞金1万円 （考える会より寄付金の一部が支援）
亀村本店	
与倉屋	

個人の認識差がみられる。特に歴史的町並み保存地区内の順守規定項目によって修復・修景に金銭的負担が発生するため，蔵などの建造物が被害を受けたまま置かれているのが実態である。

(3)　考える会による修復・修景の取り組み

　考える会はこれまで歴史的町並み保存計画づくりや住民の合意形成，その後の保存活動まで行政・専門家・住民とともに進めてきた。今回の修復・修景についても行政や関係者との協働に取り組み，特に歴史的町並み保存地区内の県指定文化財の7棟を中心に直接指導しながら修復・修景活動を積極的に取り組んだ（次頁写真5，6）。また建造物の被害があまりにも甚大で広範に及ぶことからワールド・モニュメント財団へ実情と支援を訴え，約1,600万円の支援を受けるようになった。考える会は所有者が負担する修復・修景費用5%の半分を財団の支援金から負担し，さらに保存地区の特定・指定建築物とその他の建造物に対して平等に配分し，見舞金として支援を行った。

4　まとめ

　震災で大きな被害を受けた佐原の歴史的町並み保存地区はだいぶ歴史的町並みの雰囲気を取り戻すことができた。これは住民の理解と共に考える会の熱

写真5　正上醤油店（修復後，著者撮影）

意，そして補助金制度の有効な活用によって歴史的町並みの再生に繋がったと考える。

　しかし，景観形成地区の指定建造物とその他建造物においては，災害自体が緊急事態に該当するため，条例の補助金制度に当てはまらず，市の条例が震災時の例外的な対応に関して整備されていないことが明らかになった。結局，建造物の修復・修景するには所有者の負担が大きく生じるため，被害の建造物がそのまま残されているケースも見られた。

　歴史的環境の価値について，西村（2004）は使用価値（use value）と非使用価値（non-use value）に分けている。[3] 特に建造物や歴史的環境の場合，非使用価値のうち存在価値と言われるものほとんどは美的，技術的，伝統的な創造力によって建造物を生み出す価値を有すると述べている。佐原の歴史的町並みにおける非使用価値を強化するためには，被害を受けた建造物の所有者の負担を低減する制度的な対応や復興プロセスを構築することが必要である。

---

(3)　使用価値は建物本来の実用に供する価値やそこから収益を生み出す等の直接的使用価値（direct use value）と，美的な貢献や希少性が使用価値をもたらす場合や環境の質を高めることに貢献する間接的使用価値（indirect use value）に分けられる。一方，非使用価値は従来のいずれかの時点で使用価値が発生する可能性に価値を見出すオプション価値（option value），そこに存在するだけで使用価値を超越した意義を有する存在価値（existence value）あるいは固有価値（intrinsic value），将来世代に受け渡す継承財産としての遺産価値（bequest value）に分類している。

写真6　福新呉服店（修復後，著者撮影）

【参考文献】

小野川と佐原の町並みを考える会（2014）『佐原の町並み東日本大震災からの復興』．
The Ono River and Sawara Cityscape Preservation Association (2014) *SAWARA HISTORIC DISTRICT Steps Toward Recover from the Great East Japan Earthquake* (in Japanese).

小野川と佐原の町並みを考える会 HP http://www.sawara-machinami.org/（2018年4月27日閲覧）．
The Ono River and Sawara Cityscape Preservation Association H.P., http://www.sawara-machinami.org/ (2018年4月27日閲覧).

角本伸晃（2013）『香取市佐原地区の観光まちづくり——東日本大震災後の復旧・復興』愛知大学経営総合科学研究叢書43, pp.75-91．
Kadomoto N.,(2013) *Tourism-Based Community Development in Sawara, Katori city* (in Japanese), Institute of Managerial Research, Aichi University, Vol. 43, pp.75-91.

高橋健一（2011）「佐原の町並みの被害」『建築雑誌』vol.126, No. 1621, pp.7-8．
Takahashi K. (2011) "Damage of Historical Townscape in Sawara"(in Japanese), *Journal of Architecture and Building Science*, Architectural Institute of Japan, vol.126, No. 1621, pp.7-8.

千葉県香取市（2012）「東日本大震災——香取市の記録」『市勢要覧2012 かとり発見伝』．
Katori city, Chiba prefecture (2012) *the Great East Japan Earthquake, Katori city report* (in Japanese).

西村幸夫（2004）『都市保全計画——歴史・文化・自然を活かしたまちづくり』東京大学出

版会。

Nishimura Y., (2004) *Urban Conservation Planning* (in Japanese), University of Tokyo Press.

松本綾・安東政晃・村本健造・永瀬節治・窪田亜矢（2012）「歴史的町並みとその周辺地域における震災被害の実態——東日本大震災後の佐原における復興まちづくりに関する研究 その1」『日本建築学会大会学術梗概集（東海）』pp.647-648。
Matsumoto A., Ando M., Muramoto K., Kubota A and Nasase S., (2012) "Damage in Historical Townscape and Surrounding Areas in Sawara from the Great East Japan Earthquake, A Study of Post-Earthquake Restoration in Sawara," (Part.1) (in Japanese), *Summaries of Technical Papers of Annual Meeting (TOKAI)*, Architectural Institute of Japan, pp.647-648.

龍門達夫（2016）「東日本大震災による佐原重要伝統的建造物群保存地区の伝統的建造物の屋根被害調査と分析」『日本建築学会計画系論文集』第81巻第726号，pp.1839-1849。
Ryumon T., (2016) "Roof Damage Investigation and Analysis of Traditional Houses in Sawara Important Preservation Districts for Groups of Traditional Buildings by the Tohoku Earthquake," (in Japanese), *Journal of Architecture and Planning* (Transaction of AIJ), Vol.81, No. 726, pp.1839-1849.

第4章

地方都市における環境負荷の低減を目的とした地域資源マップの作成
―― 千葉県山武市を事例として ――

齋藤 伊久太郎・郭 東 潤

はじめに

　近年，人口密度の比較的低い地方都市では，車の保有率が大都市よりも多く，車による移動が習慣化している。都市の人口密度と自動車のCO_2排出量の関係（国土交通省 2013）を見ると，市街化区域の人口密度が高い都市ほど，1人あたりのCO_2排出量が低い傾向にある。同規模の都市で比較した場合，市街地が拡散している都市の1人あたりのCO_2排出量が，そうでない都市の1.4倍になるという結果も出ている。観光に関する統計（国土交通省 2014）を見ても自家用車による移動が突出しており，来街者の移動による環境負荷の影響が高いことを示している。

　千葉県山武市は，九十九里海岸の中央に位置する地方都市である[1]。この市役所の最寄駅が，JR成東駅である[2]（次頁図1）。明治期に鉄道が開通して以降，旧成東の城下町にあった商店街が延伸する形で，成東駅前の商店街は発展してきた。しかし車社会化して以降，国道に大規模商店が展開すると，中心商店街は徐々に衰退化し，かつての賑わいは失われ現在に至る。

　本研究は，市民や来街者が，対象地域にある地域資源に対し，公共交通や徒歩を用いて到達することにより，環境負荷が軽減するものとして研究を進

---

(1)　千葉県県庁所在地から東へ約20kmに位置する。面積146.38km²，人口54,594人，世帯数21,968世帯（総務省）。
(2)　成東駅の駅前に関する意識調査を行い既報でまとめた（齋藤伊久太郎他 2012）。

図1　千葉県における山武市の位置と市内における成東駅の位置

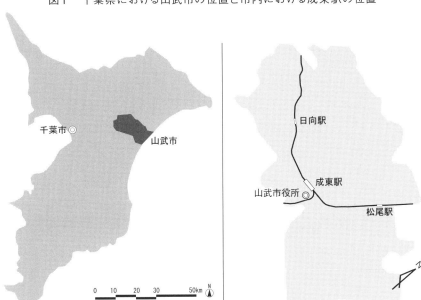

める。本報では，JR成東駅の徒歩圏を対象に研究を行う。まず，対象地にある名所旧跡を確認し，これをもとに歩行用コースを設定する。設定したコースを歩行し，地域固有の景観や歴史的文化などの抽出を行う。抽出した地域資源や設定したコースを検討するため，まちあるきワークショップを開催する。得られた知見をもとに，JR成東駅から徒歩圏にある地域資源マップを作成することを目的とする。

I　研究の方法

まず，JR成東駅の周辺地域にある地域資源の知名度や利用状況を明らかにする。山武市が名所旧跡としているいくつかの施設や場所，イベントなどに対し，その知名度や利用状況について，JR成東駅周辺地域の住民を対象としたアンケート調査を行う。ここから得られた知見をもとに，JR成東駅と名所

図2 JR成東駅周辺地域にある主な名所旧跡および関東ふれあいの道

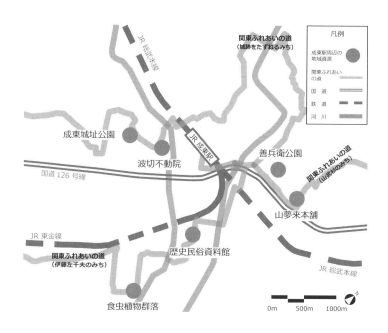

旧跡などを結ぶ複数のまちあるきルートを設定する。設定したルートを市民などが複数人で歩行し，歩行後にディスカッションを行う。ディスカッションで，得られた地域の魅力や課題などを総体的に考察することによって，JR成東駅から徒歩圏にある地域資源マップを作成する。

Ⅱ 名所旧跡に対する実態調査

1 調査の概要

JR成東駅の周辺地域における名所旧跡に対する知名度や利用状況を明らかにするため，JR成東駅の周辺地域の住民に対する実態調査を行った。

調査に用いた名所旧跡は，「波切不動院」「成東城跡公園」「歴史民俗資料館」「食虫植物群落」「富田みどり里山公園（大髙善兵衛公園）」「山夢来本舗」の6カ所に加え，「関東ふれあいの道」である（図2）。

図3　調査に用いたアンケート用紙

名所旧跡等	知っている	実際に体験した	おすすめ（一つ）	ご意見など
浪切不動院				
成東城跡公園				
関東ふれあいの道				
歴史民俗資料館（伊藤左千夫の生家）				
食虫植物群落				
富田みどり里山公園（大高善兵衛公園）				
朝市（成東地区）				
観光いちご狩り				
山夢来本舗（いちご酢・ブルーベリー酢など）				
グルメマップ掲載店				

Q1：あなたは以下に書かれた成東駅周辺の名所・旧跡などをご存知ですか？該当する項目全てに〇（まる）をつけてください。

Q2：上記の他に、あなたがお勧めする「山武市ならでは」の場所・食べ物など、何かありましたら教えてください。
〔　　　　　　　　　　　　　　　　　　　　　　　　　　　　　　　　〕

Q3：あなたは、成東駅の駅前広場整備が行われることをご存知ですか。
　　　　知っている　　　　　　　　　　　　知らない

〇あなたについてご回答ください。（該当する箇所を〇で囲ってください）
・年　齢　等　・小学生　・中学生　・高校生
　　　　　　　・10代・20代・30代・40代・50代・60代・70代以上
・性　　　別　・男性　　・女性
・お住まいの地区　成東地区　・大富地区　・その他（　　　　　　　　）
・駅周辺の利用状況　・電車利用のため　・送迎　・買物や飲食　・その他（　　　　）

　これに「朝市（成東地区）」「グルメマップ掲載店」、「観光いちご狩り」を加えて，10項目に対する回答を求めた。それぞれの項目に対し、「知っているか」「実際に体験したか」「お勧めの一つとして該当するか」に関し「〇」を記入する方法で回答を得た。さらに、「山武市ならでは」の場所・食べ物などに関す

表1　アンケート調査の概要

実施年月日	2012年8月11日
調査対象	祭事（のぎくサマーフェスタ）の来場者
配布回収方法	配布・記入・回収を同時に行った
回収数	496通

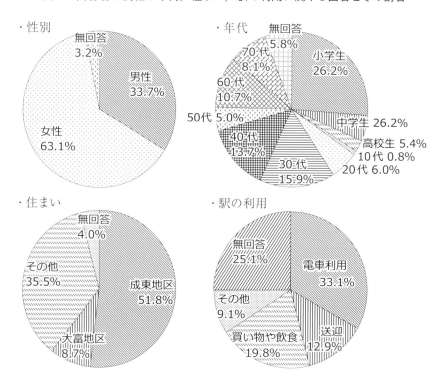

図4　回答者の属性や年代，住まい，駅の利用に関する回答とその割合

る設問，JR成東駅の駅前広場整備に関する周知度に関する設問も加えた。最後に，回答者の属性についても設問した（56頁図3）。

調査は，2012年に成東地域で行われた「のぎくサマーフェスタ」の会場で行った。「のぎくサマーフェスタ」は，「のぎくプラザ盆踊り大会」と「第13回

図5　JR成東駅から徒歩圏にある名所旧跡およびイベント等に対し，

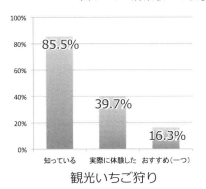
観光いちご狩り

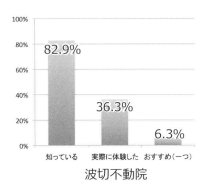
波切不動院

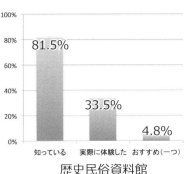
歴史民俗資料館

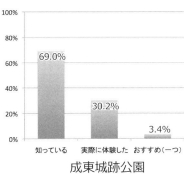
成東城跡公園

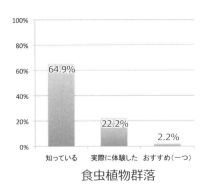
食虫植物群落

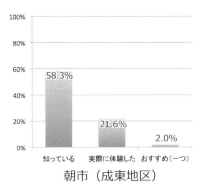
朝市（成東地区）

「知っている」「実際に体験した」「おすすめ（一つ）」に回答した回答者の割合

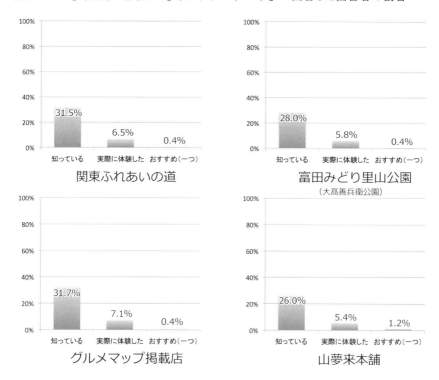

納涼コンサート」で構成され，2012年8月11日に山武市成東文化会館前広場で開催された[(3)]。このイベント参加者に手渡しでアンケートを配布し，その場で記入を求めたところ，496通の回答を得た（57頁表1）。

2 アンケート調査の分析

得られた回答を解析し，図にまとめた（57頁図4, 58頁図5）。その結果，多少偏重が見られるものの，各年代から回答を得ることができた。また，回答者の大半が成東地域の住民となった。全体的に，個々の項目に対し，知名度

---

(3) ［盆踊り大会］主催：のぎくプラザ盆踊り実行委員会，後援：山武市商工会・成東駅前あじょっす会。［納涼コンサート］主催：山武市成東文化会館。

は高いものの，実際に体験する回答者は少ない傾向にあることが分かった。こうしたなかで，「観光イチゴ狩り」が85.5％と最も高い認知度が得られている。次いで「波切不動院」が82.9％，「歴史民俗資料館」が81.5％である。「実際に体験した」とした回答者は，「観光イチゴ狩り」が最も多く39.7％である。次いで「波切不動院」が36.3％，歴史民俗資料館が33.5％である。また，「おすすめ」として最も高い回答率を得た項目は，「観光イチゴ狩り」で16.3％だった。次いで「波切不動院」が6.3％，「歴史民族資料館」が4.8％である。

以上のことから

1)「観光イチゴ狩り」は知名度が高く，「実際に体験した」とする回答者も最も多い。

2) 知名度に関し，「観光イチゴ狩り」「波切不動院」「歴史民族資料館」は知名度が高いが，「関東ふれあいの道」「富田みどり里山公園」「山夢来本舗」「グルメマップ掲載店」は知名度が低い。すべての項目において，「実際に体験した」とする回答者は，「知っている」とする回答者よりも著しく低いということが分かった。

Ⅲ　JR成東駅を起点としたルートの歩行

1　概　要

名所旧跡に対する知名度や利用状況に対する実態調査から得られた知見をもとに，JR成東駅を起点とした7つのルートを設定して歩行した。歩行は，2014年度，2015年度に，それぞれ7回実施した（61頁表2）。それぞれのルートを図にまとめた（62-63頁図6～図7）。歩行には，山武市で活動している任意団体「成東駅前あじょすっ会」[4]のメンバーの協力を得ながら実施した。それぞれのルートは，海を対象とするものは夏，丘陵地を対象とするものは秋から冬など，歩行環境と季節を考慮して設定した。また，それぞれのコースは，5～7kmで設定し，2時間から3時間程度で完結するコースを選定した。2014

---

(4)　「山武市民」「千葉大学」「山武市役所」で構成され，2010年から成東駅南側駅前地域における賑わい創出とコミュニティ再生を目的として様々な活動している。

表2 まちあるきの日程とその内容

年度	回数	実施日	ルート
2014	1	4月27日	JR日向駅→JR成東駅
	2	5月11日	JR成東駅→真行寺廃寺跡→JR成東駅
	3	6月8日	JR成東駅→成東城址公園→食虫植物群落
	4	9月20日	JR成東駅→海岸地域（バスで移動）→まちあるき
	5	10月18日	JR松尾駅→JR成東駅
	6	11月15日	JR成東駅→千葉蘭園→さんぶの森元気館
	7	12月21日	JR成東駅→富田みどり里山公園→早船の里山
2015	1	5月24日	JR成東駅→本行寺→元倡寺→食虫植物群落→市役所
	2	6月20日	JR成東駅→湯坂→本郷生活研修センター→賀茂神社→JR日向駅
	3	7月11日	JR成東駅→平成大橋→波切不動→成東城址公園
	4	9月21日	JR成東駅→川崎・宝聚寺→市役所
	5	12月20日	JR成東駅→善兵衛公園→早船里山→市役所
	6	1月17日	JR成東駅→成東八幡神社→市役所
	7	2月6日	JR成東駅→真行寺→善兵衛公園→市役所

年度は，設定したコースを実際に歩行し，2015年度は，2014年度歩行した結果を踏まえてコースを見直し，改めて歩行した．

2 得られた知見

(1) 2014年度

第1回目 JR日向駅からJR成東駅に向かって歩行した．このルートは，比較的広い田園地帯の中央に作田川が流れている．田園地帯の両側は丘陵地帯が展開している．歩行者は，田園風景を見ながらその中央部を歩いた．歩行後のディスカッションでは，田園風景の優位性を確認することができた一方，歩行距離が比較的長く，中間地点における休憩場所が必要であることが指摘された．

第2回目 JR成東駅から真行寺地域まで歩行し，途中で往路とは別のルートを辿りながらJR成東駅周辺に戻った．歩行後のディスカッションでは，JR成東駅の北側の丘陵地と平野の境界線に集落が線状に形成されているが，

図6　2014年度第1回目〜第3回目および第6回，7回目のルート

ここにある連続的な生け垣とともに地域固有の農村集落景観を参加者で確認した。また，真行寺地域には，郡衙が形成されていたとされ，これを紹介する看板もあり，歴史的文化を享受することができることを確認した。

第3回目　JR成東駅から成東城址公園へ行き，上町を通過し，食中植物園に向かった。さらに，山武市歴史民俗資料館を経て，山武市役所へ向かった。歩行後のディスカッションでは，成東城趾公園から一望できる九十九里平野の景観，途中の集落における生け垣の回廊は，景観的な優位性を持って

第4章 地方都市における環境負荷の低減を目的とした地域資源マップの作成　63

図7　2015年度第1回目〜第7回目のルート

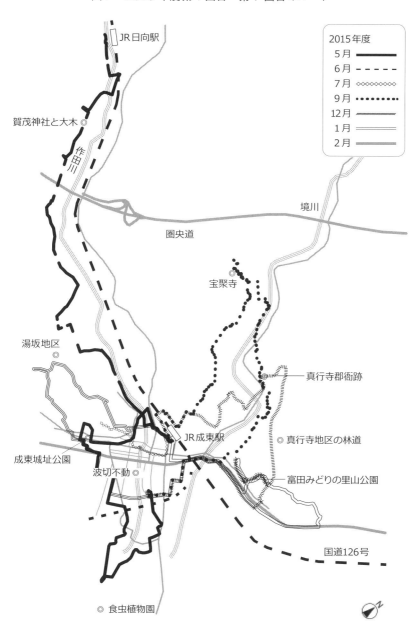

第4回目　　JR成東駅からバスに乗車し，海岸地域へ移動した。そこから歩行した。この回では特に，海水から塩造り体験を行っている市民にヒアリングを行った。歩行後のディスカッションでは，ネギ畑の景観的な優位性を確認した他，塩造り体験は海岸地域固有の文化であり，その優位性を確認した。

第5回目　　JR松尾駅からJR成東駅まで歩行した。平野と丘陵地帯の境目に集落が線形に展開している。また，寺社仏閣が多い地域であることを確認した。さらに，いくつかの神社は高台にあり，眺望点としての優位性を確認した。

第6回目　　JR成東駅からさんぶの森元気館まで歩行した。道中，千葉蘭園へ寄りながら，山武市の林道を歩いた。両側を山武杉に囲まれたこの道は，途中でネギ畑になるなど，変化に富んだコースになっていた。サンブスギの景観やネギ畑の景観的な優位性について確認した。

第7回目　　JR成東駅から富田みどり里山公園（善兵衛公園）を経て，早船里山へ向かった。そこから芝原の柴原の岩塊まで歩いた。里山内の丘頂から九十九里平野を眺めることができ，この眺望点やサンブスギに囲まれた林道の景観的な優位性について確認した。

(2) 2015年度

第1回目　　前年度6月に歩行したルートに，元倡寺を加えて再び歩いた。元倡寺には，江戸時代に活躍した儒学者である稲葉黙斎の墓がある他，市の文化財にも指定されている九重石塔（1649〈慶安2〉年建立）もある。駅から元倡寺までは，波切不動に始まり，本行寺，福星寺，妙行寺，愛宕神社と寺社仏閣が多い他，成東城趾公園もある。かつて成東地域の中心市街地であり，山武市を知る上で重要な場所だ。これを南下すると6月から9月にかけては緑豊かな田園風景が広がる。この田園地帯をさらに南下すると日本で最初の国指定天然記念物に指定された食虫植物群落があり，希少な植物が市民の手で保全されている。ここから作田川を北上していくと山武市役所があり，JR成東駅がある。このコースは，山武市でも重要な歴史，文化，自然が多くあることを確認した。途中の集落にある生け垣もその魅力の一つとして共通認識した。

第2回目　前年度は，4月にJR日向駅からJR成東駅に向かって歩行したルートをアレンジして，この回はJR成東駅からJR日向駅に向かって歩行した。前年度は，JR日向駅から作田川を見ながら，水田の広がる地域の真ん中を延々とJR成東駅に向かった。しかし，景観的変化に乏しく，このルートをどのように楽しませるかが課題であった。今回は，JR成東駅から富士見台の北端の縁から，湯坂の集落，本郷生活研修センター，賀茂神社を経てJR日向駅に到達するルートを歩行した。このルートは，先が見えない面白さや，左手に台地，右手に田園風景があるのに加え，いくつかの集落を抜けるなど，景観的変化が豊かで，山武市の生活景を体験できるコースとなっている。千葉県館山市の観光マップには，市内の生け垣が紹介されているが，湯坂地区の集落にある生け垣は，それを凌駕する規模，美観である。また，湯坂地区の周辺にある田園風景も魅力の一つである。さらに，平地に入り組むいくつかの台地が，視覚的な変化を歩行者にもたらすことなどを確認した。

第3回目　山武市を代表する歴史的文化である波切不動と成東城趾公園を散策した。その歴史性はもとより，双方に共通する魅力は，九十九里平野を一望できるという点にある。それぞれ違った位置，方位の景観を眺めることができる他，日陰も多く，夏の歩行にも耐えうることを確認した。

第4回目　前年度は，5月に真行寺や郡衙跡まで歩行しているが，今年度はやや西よりのルートをJR成東駅から川崎・宝聚寺まで歩行し，善兵衛公園のある台地の西側の縁を歩行して市役所まで歩行した。

このルートも今年度第3回のコースと同様に，田園風景を眺めながら，津辺，市場，親田，川崎といくつかの集落を抜けるコースとなっている。途中，山林から急に田園風景が広がる地点があり，この場所が特に魅力的であり，市内で育った参加者も圧倒されていた。

第5回目　前年度も，12月に同様のルートを歩行している。前回は芝原の岩塊まで歩行しているが，今回は武社早尾神社で引き返した。このコースは，善兵衛公園から九十九里平野の眺望が得られる他，富田，早船の里山を体感しながら歩行することができ，途中，山奥に入ったような錯覚すら覚える。こうした景観的あるいは空間的な優位性を確認することができた。

第6回目　JR成東駅から，富士見台へ上がり，成東八幡神社へ向かっ

た。途中までは，前年度の食虫植物園コースと同様のルートだが，富士見台を下りてからは，南に進むのではなく，西へ進み八幡神社へ到達した。八幡神社は，よく整備されており，かなり良い保全状態にあった。馴染みのない参加者もその様子に驚いていた。コースとしては，あまり距離のないコースだったが，富士見台を通るのではなく，旧成東城下町からアクセスすると歴史的文化として一貫性が得られるという意見が得られた。

第7回目　　東京都世田谷区に拠点を持つNPO法人日本アメニティ研究所と協働で，まちあるきを行い，コースの検証を行った。前年度に実施した真行寺コースにアレンジを加えて，コース設定した。JR成東駅から津辺の集落を抜け真行寺へ向かい，台地上の尾根を伝いながら善兵衛公園に抜けるルートを歩いた。

このコースでは，まず生け垣や民家などの農村集落景観が得られる他，市場地区にある田園風景も享受することができた。また，真行寺地区では郡衙跡など歴史的文化にも触れることができた。さらに，台地上では，真行寺地区から善兵衛公園に至る山林，畑の景観を見ることができた。

NPO法人日本アメニティ研究所は，2013年3月にも山武市を訪れ，旧成東城下町を中心としたまちあるきを実施している。これとの比較で山武市の魅力は今回の方が多いのではないかという意見が得られた。また，地形的変化に富み，歩いていて楽しいという意見も得られた。さらに，すばらしい農村集落景観が残っているという意見も得られた。

まとめ

本報では，JR成東駅を中心とした名所旧跡に関する市民の実態調査を行った。ここから得られた知見をもとに，JR成東駅を起点とした7つのコースを設定し，歩行した。歩行後の参加者同士のディスカッションで得られた知見をもとに，コースを修正し，地域資源マップの作成を行った。作成した地図の一部を次々頁から図8，図9に示す。歩行したそれぞれのコースでは，名所旧跡はもとより，歩行途中で散見される寺社仏閣や農村景観が，山武市内外にアピールできる魅力であることを確認した。その結果を地域資源マップに反映す

ることができた。

　山武市は，車の保有率の高い自治体の一つである。走る車から見える景観と，徒歩で享受する景観とは大きく違うことは論ずるまでもない。日常的な車の利用が主たる要因であると断言することはできないが，恐らく多くの市民が，山武市の景観的な魅力に気づけていない理由の一つとして，車の利用が挙げられるのではないだろうか。そしてそれはまた，来街者にとっても同様である。つまり山武市では，より多くの魅力に触れるためには，徒歩が有効であり，さらにそれは，環境負荷低減に貢献することに帰結する。

　今後は，本報で作成した7つのコースの季節性を検討していく他，桜をはじめとする草花の時期や様々な農産物の収穫時期と連携していくことで，個々のコースにおける魅力が高まるものと考えている。また，他団体との協働のなかで，山武市の魅力的な場所，食文化，景観などに関する情報交換や共有していくことで，地域資源マップが醸成されていくものと考える。さらに，都市住民などの来街者を促し，これまで得られなかった魅力や課題を引きだすことも重要だ。これらの活動を重ねることにより，公共交通による来街や徒歩による地域資源へのアクセスを促進させ，より環境負荷の小さな地域づくりに貢献していきたいと考える。

【謝辞】
　本研究は平成26年度山武市受託研究「成東駅南側周辺におけるまちづくりに関する基礎調査」および「平成26年度 山武市市民提案型交流まちづくり推進事業 助成事業」，「平成27年度 山武市市民提案型交流まちづくり推進事業 助成事業」による成果の一部です。ここに記して謝辞を申し上げます。また，成東駅前あじょすっ会の皆様，ならびにまちあるきワークショップにご参加いただいた皆様には大変お世話になりました。この場をお借りしてお礼申し上げます。

【参考文献】
国土交通省都市整備課（2013）「低炭素まちづくり実践ハンドブック」。
国土交通省観光庁（2014）「旅行・観光産業の経済効果に関する調査研究」。
齋藤伊久太郎・中谷正人・郭東潤・北原理雄（2012）「地方都市における駅前再生に関する市民の意識調査と分析――千葉県山武市成東駅を事例として」『日本建築学会関東支部研究報告集』82（Ⅱ）』pp.401-404。
総務省（2013）「平成25年住民基本台帳人口・世帯数」「平成24年度人口動態（市区町村別）」http://www.soumu.go.jp/main_content/000267006.xls（2018年4月27日閲覧）。
山口恵一郎編（1972）『日本図誌大系関東Ⅱ』朝倉書店，p.77。

図8 作成された地域資源マップの一部

第 4 章　地方都市における環境負荷の低減を目的とした地域資源マップの作成　69

（成東城趾公園・八幡神社コース）

図9 作成された地域資源マップの一部

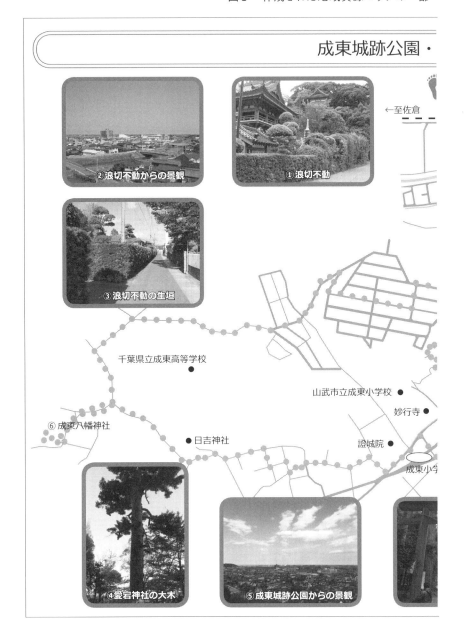

第4章　地方都市における環境負荷の低減を目的とした地域資源マップの作成

（真行寺・富田みどり里山コース）

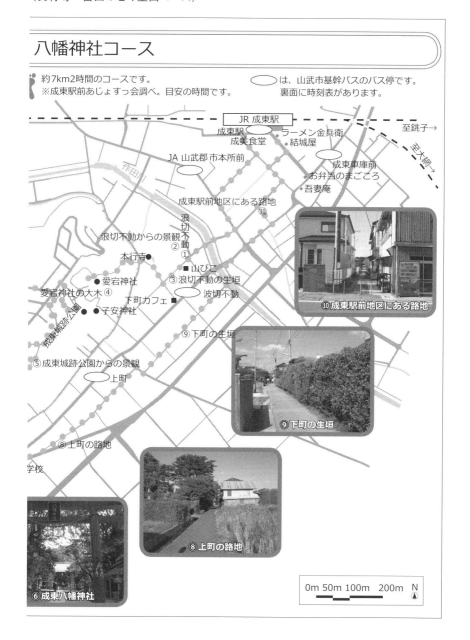

第5章

「除染の完了」後における除染に関する課題

川﨑　興太

I　本章の目的

　2011年3月の福島第一原子力発電所事故（以下「福島原発事故」）の発生に伴って，福島県は重大かつ深刻な放射能被害を受けた。これまで，その福島県の復興に向けて，"除染なくして復興なし"との理念のもとに，除染を復興の起点かつ基盤として位置づけた上で，避難指示区域内にあっては「将来的な帰還」，避難指示区域外にあっては「居住継続」を前提として，「被災者の復興＝生活の再建」と「被災地の復興＝場所の再生」を同時的に実現することが可能な法的・制度的状態を創造することをめざして，復興政策が組み立てられ，実行されてきた（川﨑2014(a)，川﨑2014(b)）。

　除染の根拠法は，2011年8月に公布・一部施行され，2012年1月に全面的に施行された放射性物質汚染対処特別措置法（以下「除染特措法」）である。その骨格は，追加被曝線量が年間1mSv（空間線量率が0.23μSv/h）以上の地域のうち，除染特別地域（おおむね避難指示区域と同じ範囲）においては国，汚染状況重点調査地域においては主として市町村が主体となって除染を進めるというものである。除染特措法に基づく基本方針では，除染等に関する目標として，追加被曝線量が年間20mSv以上である地域については，当該地域を段階的かつ迅速に縮小すること，年間20mSv未満の地域については，長期的に年間1mSv以下となることなどが定められた。

　福島県では，除染特措法に基づき，2011年12月に，全59市町村のうち，11市町村に除染特別地域，40市町村に汚染状況重点調査地域が指定され，

図1 除染特措法に基づく地域指定状況(2017年3月末現在)

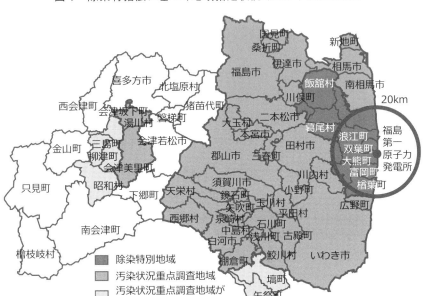

 それぞれの地域で除染が実施されてきた(図1)。政府は，その除染について，福島原発事故が発生してから6年後にあたる2017年3月までに，除染特別地域では帰還困難区域を除く全域，汚染状況重点調査地域では全域において完了させるとの方針を示してきたが(原子力災害対策本部2016)，実際に，汚染状況重点調査地域の市町村の一部を除いて完了になった。
 しかし，この「除染の完了」は，放射能汚染が解消されたことを意味するものではない。復興期間が終了し，復興庁が設置期限を迎え，東京オリンピックが開催される2020年までに，福島原発事故を克服した国の姿を形づくることをめざして行われた避難指示の解除，精神的損害賠償の終了，自主避難者に対する仮設住宅の供与の終了などとあわせて実施された"復興加速化"措置の一つである(次頁表1，川﨑2016)。本章は，このような意味を持つ「除染の完了」後における除染に関する課題を明らかにすることを目的とするものである。

第5章 「除染の完了」後における除染に関する課題　75

表1　福島復興政策の転換

	避難指示区域内[注1]	避難指示区域外
除染 （面的除染）	帰還困難区域を除いて 2017 年 3 月で完了	一部の市町村を除いて 2017 年 3 月で完了
避難指示	帰還困難区域を除いて 2017 年 4 月までに解除 （双葉町と大熊町を除く）	－
精神的 損害賠償	2018 年 3 月で終了 （避難指示の解除から 1 年間までが対象）	－
応急 仮設住宅	供与の終了時期は未定[注2]	2017 年 3 月で 供与の終了

注1：「避難指示区域内」には，すでに避難指示が解除された地域を含む。
　2：すでに避難指示が解除された地域からの避難者については，解除時期によって異なるが，供与の終了時期が決定されている。

II　除染の実施状況と除去土壌等の保管・搬出状況

1　除染の実施状況

　除染特別地域では，帰還困難区域は基本的に除染の対象外とされてきたので，避難指示解除準備区域と居住制限区域における除染の実施状況になるが，先述の通り，2017 年 3 月末で除染がすべて完了している（次頁表2）。除染の実施数量は，宅地については約 22,100 件，農地については約 8,500ha，森林（生活圏）については約 5,900ha，道路については 1,400ha である。

　汚染状況重点調査地域では，2017 年 3 月末現在，同地域に指定されている 36 市町村のうち，24 市町村で完了，12 市町村で継続中という状況である。用途別に見ると，公共施設等，住宅，農地については，ほぼ完了しているが，道路と森林（生活圏）については，実施率（計画数に対する実施数の割合）がそれぞれ 8〜9 割である（次頁表3）。

　なお，帰還困難区域について，政府は 2016 年 8 月に，市町村が復興拠点等を整備する場合，国がインフラ整備とあわせて除染を行うとの方針を示しており（原子力災害対策本部・復興推進会議 2016），今後，復興拠点等の整備計画地では除染が実施される予定である。

表2 除染特別地域における除染の実績(2017年3月末時点)

	除染の実施数量				除染の終了時期
	宅地(件)	農地(ha)	森林(ha)	道路(ha)	
合計	22,097	8,490	5,896	1,422	−
川俣町	360	600	510	71	2015年12月
田村市	140	140	190	29	2013年6月
南相馬市	4,500	1,700	1,300	270	2017年3月
楢葉町	2,600	830	470	170	2014年3月
富岡町	6,000	750	510	170	2017年1月
川内村	160	130	200	38	2014年3月
大熊町	180	170	160	31	2014年3月
双葉町	97	100	6.2	8.4	2016年3月
浪江町	5,600	1,400	390	210	2017年3月
葛尾村	460	570	660	95	2015年12月
飯舘村	2,000	2,100	1,500	330	2016年12月

出所:環境省2017(a)。

表3 汚染状況重点調査地域における除染の実績

	公共施設等:施設				住宅:戸	
	計画	発注	進捗		計画	発注
			除染実施	調査にて終了		
数量	11,652	11,652	9,905	1,556	414,696	414,696
計画に対する進捗率	−	100%	98%		−	100%
			85%	13%		

	水田:ha			畑地:ha		
	計画	発注	除染実施	計画	発注	除染実施
数量	19,966	19,966	19,651	3,178	3,178	3,177
計画に対する進捗率	−	100%	98%	−	100%	100%

出所:福島県生活環境部除染対策課2017。

2 除去土壌等の保管・搬出状況

除染に伴って発生する除去土壌等の量は，約1,600〜2,200万㎥と推計されている（環境省2017(b)）。環境省は，2011年10月に，除去土壌等の保管・処分に関して，最終処分までの期間において除去土壌等を安全・集中的に管理・保管するための中間貯蔵施設を2015年1月から供用開始できるようにする，それまでは除染特別地域にあっては環境省，汚染状況重点調査地域にあっては市町村が仮置場を確保して保管する，中間貯蔵開始後30年以内に福島県外で最終処分を完了するというロードマップを公表した（環境省2011）。

しかし，中間貯蔵施設については，設置場所の決定や用地の確保が難航したため，こうしたスケジュールの通りには整備されず，2017年3月末現在，民有地の契約済み面積は全体面積の24%にあたる376haという状況である（環境省2017(c)）。2015年3月からは中間貯蔵施設の予定地に整備された保管場（ストックヤード）への除去土壌等の搬入が開始されているが，その実績は2015年度に45,382㎥，2016年度に164,464㎥であり，合計しても上記の除

（2017年3月末時点）

住宅：戸		道路：km			
進捗		計画	発注	進捗	
除染実施	調査にて終了			除染実施	調査にて終了
320,965	91,472	18,824	18,824	10,060	5,859
99%		—	100%	85%	
77%	22%			53%	31%

樹園地：ha			牧草地：ha			森林（生活圏）：ha		
計画	発注	除染実施	計画	発注	除染実施	計画	発注	除染実施
5,405	5,405	5,177	2,972	2,972	2,954	4,575	4,575	3,734
—	100%	96%	—	100%	99%	—	100%	82%

表4　除染特別地域における除去土壌等の保管量と搬出量

	除去土壌等の発生量 (a+b)					
		仮置場等		搬出済数		
		箇所数	保管物数(a)	合計(b)	仮設焼却施設へ	中間貯蔵施設等へ
合計	8,725,399	269	7,550,575	1,174,824	1,094,370	80,454
川俣町	620,412	43	620,412	0	0	0
田村市	36,447	5	30,278	6,169	0	6,169
南相馬市	966,262	13	866,853	99,409	99,367	42
楢葉町	595,160	23	511,850	83,310	74,571	8,739
富岡町	1,561,221	8	1,215,623	345,598	331,729	13,869
川内村	95,444	2	93,844	1,600	0	1,600
大熊町	384,368	20	367,105	17,263	0	17,263
双葉町	161,811	7	152,264	9,547	0	9,547
浪江町	1,299,941	23	993,910	306,031	294,050	11,981
葛尾村	565,136	29	366,878	198,258	193,085	5,173
飯舘村	2,439,197	96	2,331,558	107,639	101,568	6,071

注：「保管物数」と「搬出済数」の単位は「袋」であり，1袋あたりの保管物の体積はおおむね1㎥である。
出所：環境省2017(d)。

表5　汚染状況重点調査地域における除去土壌等の保管量

合計		仮置場		現場保管		その他の仮置場	
箇所数	保管量 (㎥)	箇所数	保管量 (㎥)	箇所数	保管量 (㎥)	箇所数	保管量 (㎥)
147,709	3,878,831	856	1,997,770	146,819	1,880,391	34	670

出所：福島県2017。

去土壌等の推計発生量の1％程度にあたる約21万㎥にすぎない（環境省2015(a)，2016(a)）。仮置場等での除去土壌等の保管量については，除染特別地域では2017年4月現在で約755万㎥（表4），汚染状況重点調査地域では2017年3月現在で約388万㎥であり（表5），合計で約1,143㎥となっている。

　環境省は，2016年3月に，中間貯蔵施設の整備および除去土壌等の搬入

図2 除染特別地域における除染の線量低減効果

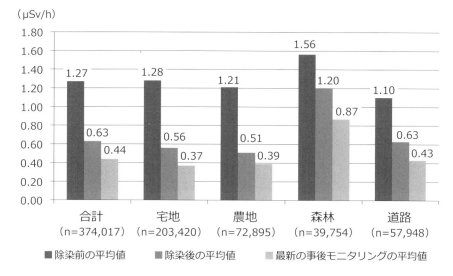

注:「除染前」の測定時期は2011年12月~2016年3月,「除染後」の測定時期は2012年2月~2016年7月,「最新の事後モニタリング」の実施時期は2013年9月~2016年12月である。
出所:環境省2017(e)。

に関する今後の見通しを公表している(環境省2016(b))。これによれば,2020年度までに,640~1,150ha程度の用地を取得し,500万~1,250万㎥程度の除染土壌等を搬入することになっている。

3 除染の線量低減効果

除染特別地域については,除染実施前の平均値は1.27μSv/h,除染実施後の平均値は0.63μSv/hであり,除染による線量低減率は約50%である(図2)。ただし,線量低減率は土地利用用途によって異なっており,宅地は56%,農地は58%,森林は23%,道路は42%である。

汚染状況重点調査地域については,近年に実施された分を含む除染の線量低減効果を示す体系的なデータは手元にないが(環境省除染チーム2013),福島原発事故が発生してから6年が経過した現在,除染の効果もさることなが

表6　アンケート調査の概要

調査対象		調査期間	配布数	回収数	回収率	調査項目
福島県内の52市町村	行政区域の全域が除染特別地域に指定されている7市町村を除く	2012年7月〜10月	52	51	98%	●地域指定の状況，除染実施計画の策定状況，除染の進捗状況 ●除染を進める上での課題 ●国と福島県の除染に対する取り組みに関する評価 ●除染の終了の目安と安全・安心性の回復の目安 ●除染の効果に関する認識　など
		2013年7月〜9月	52	49	94%	
		2014年7月〜9月	52	52	100%	
		2015年7月〜9月	52	52	100%	
		2016年7月〜9月	52	52	100%	
除染特別地域に指定されている福島県内の11市町村		2013年7月〜9月	11	9	82%	●国と福島県の除染に対する取り組みに関する評価 ●除染の終了の目安と安全・安心性の回復の目安 ●除染による住民の帰還や安全・安心性の回復の可能性 ●除染を進める上での特に重要な課題 ●中間貯蔵施設の設置の必要性や可能性　など
		2014年7月〜9月	11	11	100%	
		2015年7月〜9月	11	11	100%	
		2016年7月〜9月	11	11	100%	

ら，それ以上に放射能の自然減衰によって，ほとんどの地域では，長期的な目標として定められた「年間追加被曝線量1mSv」を超えない状況になっている（川﨑2014(c)）。

Ⅲ　市町村の除染に関する課題認識

除染の実態や課題などを把握することを目的として，行政区域の全域が除染特別地域に指定されている7市町村を除く福島県内の52市町村（以下「汚染状況重点調査地域等の市町村」）については2012年から2016年までの5年間，除染特別地域に指定されている福島県内の11市町村（以下「除染特別地域の市町村」）については2013年から2016年までの4年間にわたり，アンケー

ト調査を実施した（表6，川﨑 2017(a)，2017(b)）。

このアンケート調査の結果によると，除染特別地域の市町村と汚染状況重点調査地域の市町村の除染に関する課題認識には共通性があることがわかる。すなわち，いずれの市町村においても，これまでほぼ一貫して，仮置場と中間貯蔵施設，森林や河川等，フォローアップ除染（再除染）に関することが課題として多く挙げられている（次頁図3，図4）。

1　仮置場と中間貯蔵施設に関する課題認識

除染が開始された当初は，中間貯蔵施設の設置時期と設置場所がなかなか決まらなかったため，住民は仮置場がそのまま最終処分場になってしまうのではないかとの不安感と行政に対する不信感を払拭することができず，これが原因となって，仮置場の確保が難航していたことを背景として，仮置場の確保が課題として多く挙げられていた。

その後，環境省が示した2015年1月からの中間貯蔵施設の供用開始というロードマップを前提として，少しずつ仮置場または除染現場での除去土壌等の保管が進められてきたが，依然として中間貯蔵施設の完成や除去土壌等の搬入の終了の見通しは立っていない。このため，近年では，除去土壌等の中間貯蔵施設への早期搬出のほか，仮置場が設置されている土地の賃貸借契約の延長や除去土壌等の保管容器の耐用年数に関する問題などを含む仮置場の維持管理が課題として挙げられるようになっている。

2　森林や河川等に関する課題認識

除染は，放射線防護を目的とする除染特措法に基づく行政行為であり，森林や河川等は人の健康や生活環境に影響を及ぼす場所ではないので，放射線防護の観点からは基本的に除染が必要ないものとされている。具体的には，森林については，林縁部から20 m以内の範囲（生活圏）に限って落葉などの堆積有機物の除去などを実施するものの，20 mを超える部分は基本的には除染を実施しないものとされている（環境省2013）。河川等については，一定の条件を満たす河川敷の公園やグラウンドなどは除染を実施するものの，底質の除染は実施しない，ため池については，一定期間水が干上がることによって，周辺

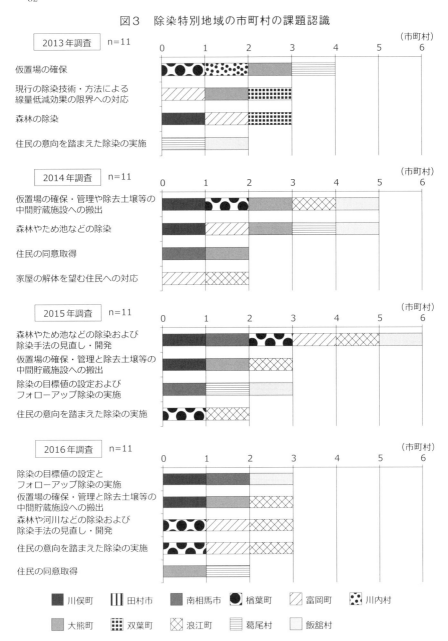

図3 除染特別地域の市町村の課題認識

注:この図は,市町村が除染を進める上での特に重要な課題を3つ以内で記入した自由記載欄の回答のうち,回答数が2以上のものを整理したものである。

第5章 「除染の完了」後における除染に関する課題　83

図4　汚染状況重点調査地域等の市町村の課題認識

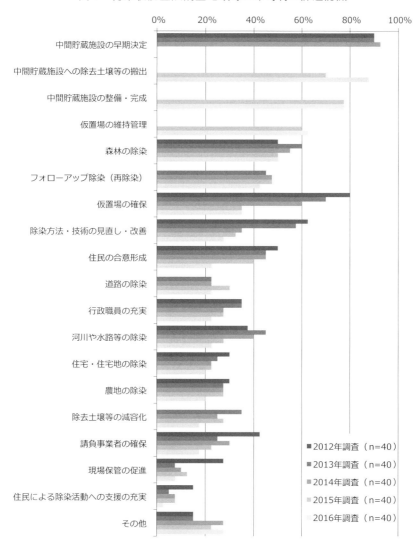

注1：この図は，除染特措法の全面施行後に市町村主体の除染の実績も予定もない12市町村を除く40市町村の回答を集計したものである。
　2：「フォローアップ除染（再除染）」「除去土壌等の減容化」「道路の除染」は，2013年調査から設けた選択肢である。
　3：2014年調査までは「中間貯蔵施設の早期決定」という選択肢を設けていたが，2015年調査からは，これにかえて，「中間貯蔵施設の整備・完成」と「中間貯蔵施設への除去土壌等の搬出」という選択肢を設けた。
　4：「仮置場の維持管理」は，2015年調査から設けた選択肢である。

の空間線量率が著しく上昇する場合は底質の除染を実施するものの，その他の場合は実施しないものとされている（環境省 2014）。

しかし，福島県は県土面積の約 7 割が森林で（福島県土地・水調整課 2016），約 8 割が中山間地域である（農林水産省 2015）。このため，森林全体を除染しなければ放射線量は十分に下がらず，住民が安心して暮らせる環境は回復しない。また，河川等の底質には放射能が溜まっているので，特に除染特別地域においては，避難指示が解除されても，水道水などの生活用水や農業用水の安全性に不安が残り，住民は帰還できず，農業を再開することもできないというのが市町村の認識である。

3　フォローアップ除染（再除染）に関する課題認識

除染特措法に基づく基本方針では，除染等に関する目標として，追加被曝線量が年間 20mSv 未満の地域については，長期的に年間 1mSv 以下となることと定められている。しかし，この目標は，除染のみならず，モニタリング，食品の安全管理などの放射線リスクの総合的な管理によってめざされるべきものとされている。また，年間 1mSv を空間線量率に換算した 0.23μSv/h は，汚染状況重点調査地域の指定基準や除染実施区域の設定基準のほか，除染対策事業交付金の交付基準，すなわち除染の実施基準とされているが，除染の目標とはされていない。

こうしたことから，除染の実施後に 0.23μSv/h を上回っていても，必ずしもフォローアップ除染（再除染）が行われることにはなっていない。環境省は，フォローアップ除染（再除染）について，事後モニタリングの結果等を踏まえ，再汚染や取り残し等の除染の効果が維持されていない箇所が確認された場合に，個々の現場の状況に応じて原因を可能な限り把握し，合理性や実施可能性を判断した上で，実施することを基本とするとの方針を示しているのみである（環境省 2015（b））。

しかし，多くの市町村は，国が除染の実施基準として定めた数値であり，住民にも定着している数値であるという理由から，除染によって達成すべき空間線量率は「0.23μSv/h」であり（86 頁図 5），住民が安全に安心して生活できる空間線量率は「原発事故前と同程度」または「0.23μSv/h」であると認識して

いる (87頁図6)。除染を実施したものの，現行の除染技術・方法による線量低減効果には限界があって，0.23μSv/hを超えている場合があるので，少なくともこれを下回るように，フォローアップ除染（再除染）を国の予算のもとに実施することが必要であり，実施基準を明確にすべきであるというのが市町村の認識である。

Ⅳ　除染に関する課題

　これまでわが国では，福島原発事故からの復興の起点かつ基盤としての位置づけのもとに，除染が世界的に前例のない規模で実施されてきた。その除染は，汚染状況重点調査地域に指定されている市町村の一部を除いて，2017年3月で完了ということになったが，今なお多くの課題が積み残されている。

　以下では，以上における分析の結果を踏まえつつ，除染に関する主な課題を提示する。

1　中間貯蔵施設の早期整備・完成と除去土壌等の保管に関する条件整備

　除染特別地域の市町村も，汚染状況重点調査地域等の市町村も，除染に関する課題として，仮置場と中間貯蔵施設に関することを挙げている。中間貯蔵施設の整備や除去土壌等の搬入が停滞しているので，近年では，除去土壌等の中間貯蔵施設への早期搬出や仮置場の維持管理を課題として指摘する市町村が多くなっているのであるが，こうした指摘は理由がないことではないので，中間貯蔵施設の早期整備・完成を図ることは重要な課題である。

　しかし，これまでの経緯や現状を見る限り，中間貯蔵施設の整備・完成が実現するとしても，それまでには相当の期間が要されるものと思われるし，環境省による2020年度までの見通しの通りに進んだとしても，当分の間，除去土壌等の半分は仮置場または除染現場に保管され続けることになるので，今後，仮置場や除染現場における除去土壌等の保管に関する問題は，ますます深刻になるものと思われる。このため，国は，市町村ごとに除去土壌等の搬出に向けた工程表を明示することとあわせ，市町村と住民がそれぞれの仮置場や除染現場における除去土壌等の保管のあり方について中長期的な観点から

図5　除染によって達成すべき空間線量率

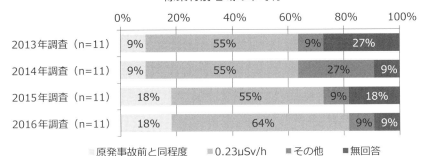

注：2013年調査の「無回答」には、アンケート調査票を回収できなかった2市町村（18％）が含まれている。

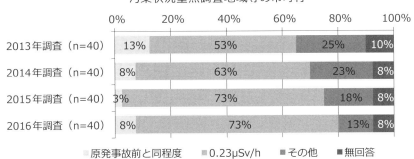

注：この図は、除染特措法の全面施行後に市町村主体の除染の実績も予定もない12市町村を除く40市町村の回答を集計したものである。

検討しうる諸条件を整備することが必要だと考えられる。

　なお、中間貯蔵施設は、中間貯蔵開始後30年以内における県外最終処分の完了を前提として、その整備が受け入れられたものである。しかし、2014年12月に施行された中間貯蔵・環境安全事業株式会社法において、県外最終処分に関する国の責務が規定されたものの、県外最終処分に向けた見通しはまったく立っていない。もちろん、国の努力に手抜かりがあってはならない

図6 住民が安全に安心して生活できる空間線量率

除染特別地域の市町村

注：2013年調査の「無回答」には、アンケート調査票を回収できなかった2市町村（18%）が含まれている。

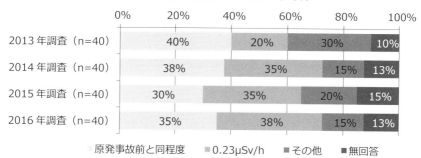

汚染状況重点調査地域等の市町村

注：この図は、除染特措法の全面施行後に市町村主体の除染の実績も予定もない12市町村を除く40市町村の回答を集計したものである。

が、その実現が不可能になった場合のことを考慮して、長期にわたる除去土壌等の保管・管理のあり方について検討しておいた方がよいと思われる。

2　環境回復を目的とする新たな法律に基づく"除染"の実施

先述の通り、除染特措法は、放射線防護を目的とする法律であるため、森林や河川等は基本的に除染の対象外とされているが、除染特別地域の市町村も、汚染状況重点調査地域等の市町村も、森林や河川等の除染を課題として

挙げている。具体的には，森林については，その全体を除染すべきであり，河川等については，底質を含めて除染すべきであるというものである。

確かに，放射線防護という観点からすれば，森林全体の除染や河川等の底質の除染は必要ではないかもしれないが，水や緑は暮らしの基盤であり，物質的な意味でも象徴的な意味でも，それらの安全性と安心性の回復なしには，生活の再建も場所の再生もありえない。放射能の自然減衰や除染の実施によって，汚染状況重点調査地域等の地域を中心に，多くの地域では年間1mSv以下という目標が達成され，放射線防護を目的とする除染の必要性が低下したからこそ，今後は，森林や河川等の環境回復を目的とする"除染"に注力することが必要だと考えられる。

なお，近年では，国は里山や奥山の除染や放射性物質対策に関する方針を示し（復興庁・農林水産省・環境省 2016），また，福島県は河川の堆積土砂の除去を実施するなど（福島県土木部河川整備課 2016），新たな動向が見られる。しかし，森林や河川等の環境回復を目的とする"除染"は，対象範囲が広大であることや現在の除染の技術水準などを考慮すれば，長期にわたる事業にならざるをえないことから，こうした個別的な取り組みによるのではなく，除染特措法にかわる新たな法律を制定し，これに基づいて実施することが必要だと考えられる。

3 場所の特性に即した総合的な放射線防護措置の一つとしてのフォローアップ除染（再除染）の実施

先述の通り，環境省は，フォローアップ除染（再除染）について，事後モニタリングの結果等を踏まえ，除染効果が維持されていない箇所が確認された場合には，個々の現場の状況に応じて原因を可能な限り把握し，合理性や実施可能性を判断した上で実施するとの方針を示しているだけで，具体的な実施基準を定めていない。放射性物質による汚染の状況は多様であり，除染の効果も実施箇所毎に様々であること，同じ手法を用いて再度除染を実施したとしても放射線量の大幅な低減効果は期待できないなど，除染による放射線量の低減には限界があることなどから，フォローアップ除染（再除染）の実施基準や空間線量率の低減目標を一律に定めることが難しい状況にあるというのがそ

の理由である（環境省 2015(b)）。

しかし，放射能汚染の状況や除染の効果が場所によって異なることは，除染の実施基準を 0.23μSv/h と定めた時も同じである。現在では，年間追加被曝線量 1mSv に相当する空間線量率が 0.23μSv/h ではなく，その 2～3 倍であることが経験的に明らかになっているのであるから，こうした知見を踏まえてフォローアップ除染（再除染）の実施基準を定めることは可能なはずである。

もっとも，環境省が説明する通り，除染の線量低減効果には限界があるので，特に除染特別地域では，フォローアップ除染（再除染）のみによって年間 1mSv を実現することは困難な場合があると考えられる。このため，第一に，場所の特性に即した総合的な放射線防護措置体系を構築すること，第二に，放射線防護措置の一つとしてフォローアップ除染（再除染）を位置づけることが必要である。そうだとすれば，今後は，住民，市町村，県，国の協働のもとに，例えば，地区を単位として放射線防護計画を策定し，その中でフォローアップ除染（再除染）の実施基準を定めて実行するという制度体系を構築することが検討されるべきだと考えられる。

4　帰還困難区域全域を対象とする除染の計画策定と実施

これまで，除染特別地域においては，早期に避難指示を解除し住民の帰還を促すという観点から，避難指示解除準備区域と居住制限区域に指定された地域において除染が優先的に実施され，帰還困難区域に指定された地域は基本的に除染の対象外とされてきたが，先述の通り，今後，市町村が帰還困難区域に指定された地域に復興拠点等を整備する場合，国がインフラ整備とあわせて除染を行うものとされた。

しかし，除染が必要なところは復興拠点等の整備計画地だけではない。国は，これまで原子力政策を推進してきたことに伴う社会的な責任を負う者として，帰還困難区域全域について除染を実施する必要がある。今後，住民や市町村と協働し，帰還困難区域全域を対象とする除染の計画を策定し，これを的確に実施してゆくことが求められる。

【謝辞】
本研究は，JSPS 科研費 JP15KO6345 の助成を受けたものである。

【参考文献】
川﨑興太 (2014 (a))「福島の除染と復興——福島復興政策の再構築に向けた検討課題」『都市問題』vol.105, no.3, pp.91-108。

川﨑興太 (2014 (b))「除染・復興政策の問題点と課題——福島原発事故から3年半が経った今」『都市計画』no.311, pp.48-51。

川﨑興太 (2014 (c))「生活者の心と除染と復興」『第 13 回学術大会 講演予稿集』日本放射線安全管理学会, pp.29-41。

川﨑興太 (2016)「政策移行期における福島の除染・復興まちづくり——原発事故の発生から 5 年後の課題」日本建築学会東日本大震災における実効的復興支援の構築に関する特別調査委員会『日本建築学会東日本大震災における実効的復興支援の構築に関する特別調査委員会 最終報告書 (2016 年度日本建築学会大会総合研究協議会資料「福島の現状と復興の課題」』pp.ii69-ii86。

川﨑興太 (2017 (a))「除染特別地域における除染の実態と今後の課題——2013 年から 2016 年までの市町村アンケート調査の結果に基づいて」『環境放射能除染学会誌』vol.5, no.2, pp.109-152。

川﨑興太 (2017 (b))「福島県における市町村主体の除染の実態と課題——2012 年から 2016 年までの市町村アンケート調査の結果に基づいて」『環境放射能除染学会誌』vol.5, no.4, pp.267-304。

環境省 (2011)「東京電力福島第一原子力発電所事故に伴う放射性物質による環境汚染の対処において必要な中間貯蔵施設等の基本的な考え方について」https://www.env.go.jp/jishin/rmp/attach/roadmap111029_a-0.pdf (2017 年 5 月 10 日最終閲覧)。

環境省 (2013)「除染関係ガイドライン 第 2 版」(平成 25 年 12 月追補) http://www.env.go.jp/jishin/rmp/attach/josen-gl-full_ver2.pdf (2017 年 5 月 10 日最終閲覧)。

環境省除染チーム (2013)「国及び地方自治体が実施した除染事業における除染の効果 (空間線量率) について」第 10 回環境回復検討会資料 http://www.env.go.jp/jishin/rmp/conf/10/ref05.pdf (2017 年 5 月 10 日最終閲覧)。

環境省 (2014)「除染関係ガイドライン 第 2 版」(平成 26 年 12 月追補) http://josen.env.go.jp/chukanchozou/material/pdf/josen-gl_ver2_supplement-201412.pdf (2017 年 5 月 10 日最終閲覧)。

環境省 (2015 (a))「中間貯蔵施設情報サイト・搬入実績 (平成 27 年度のパイロット輸送)」http://josen.env.go.jp/chukanchozou/situation/h27/ (2017 年 5 月 10 日最終閲覧)。

環境省 (2015 (b))「フォローアップ除染の考え方について (案)」第 16 回環境回復検討会資料 https://www.env.go.jp/jishin/rmp/conf/16/mat02.pdf (2017 年 5 月 10 日最終閲覧)。

環境省 (2016 (a))「中間貯蔵施設情報サイト・搬入実績 (平成 28 年度の輸送)」http://josen.env.go.jp/chukanchozou/situation/h28/ (2017 年 5 月 10 日最終閲覧)。

環境省 (2016 (b))「中間貯蔵施設に係る「当面 5 年間の見通し」」http://josen.env.go.jp/chukanchozou/action/acceptance_request/pdf/correspondence_160327_01.pdf (2017 年 5 月 10 日最終閲覧)。

環境省（2017⒜）「国直轄除染の完了報告」（平成 29 年 3 月 31 日時点）http://josen.env.go.jp/material/pdf/josen_gareki_progress_201704.pdf（2017 年 5 月 10 日最終閲覧）．
環境省（2017⒝）「中間貯蔵施設情報サイト」http://josen.env.go.jp/chukanchozou/（2017 年 5 月 10 日最終閲覧）．
環境省（2017⒞）「中間貯蔵施設用地の状況について」（平成 29 年 3 月末時点）http://josen.env.go.jp/plaza/info/weekly/pdf/weekly_170407f.pdf（2017 年 5 月 10 日最終閲覧）．
環境省（2017⒟）「除染特別地域（直轄除染）における除染仮置場等の箇所数，保管物数及び搬出済数について」（平成 29 年 4 月 21 日時点）http://josen.env.go.jp/plaza/info/weekly/pdf/weekly_170428d.pdf（2017 年 5 月 10 日最終閲覧）．
環境省（2017⒠）「除染・中間貯蔵施設・放射性物質汚染廃棄物処理の現状，成果及び見通し」http://josen.env.go.jp/material/pdf/outcome_outlook_170303.pdf（2017 年 5 月 10 日最終閲覧）．
原子力災害対策本部（2016）「原子力災害からの福島復興の加速のための基本指針」http://www.meti.go.jp/earthquake/nuclear/kinkyu/pdf/2016/1220_01.pdf（2017 年 5 月 10 日最終閲覧）．
原子力災害対策本部・復興推進会議（2016）「帰還困難区域の取扱いに関する考え方」http://www.meti.go.jp/earthquake/nuclear/kinkyu/pdf/2016/0831_01.pdf（2017 年 5 月 10 日最終閲覧）．
農林水産省（2015）「平成 27 年 都道府県別総土地面積」（2015 年農林業センサスのデータを組み替えたデータ）．
福島県（2017）「市町村が設置する仮置場の整備状況等」（平成 29 年 3 月末時点）．
福島県生活環境部除染対策課（2017）「市町村除染の実施状況」（平成 29 年 3 月末時点）．
福島県企画調整部土地・水調整課（2016）「福島県土地利用の現況」https://www.pref.fukushima.lg.jp/sec/11015c/fukushimaken-tochi-riyou-genkyou.html（2017 年 5 月 10 日最終閲覧）．
福島県土木部河川整備課（2016）「放射性物質の影響が懸念される河川において堆積土砂の除去を開始します．」https://www.pref.fukushima.lg.jp/uploaded/attachment/159186.pdf（2017 年 5 月 10 日最終閲覧）．
復興庁・農林水産省・環境省（2016）「福島の森林・林業の再生に向けた総合的な取組（案）」（第 2 回福島の森林・林業の再生のための関係省庁プロジェクトチーム会議資料）http://www.reconstruction.go.jp/topics/main-cat1/sub-cat1-4/forest/160309_4_siryou2.pdf（2017 年 5 月 10 日最終閲覧）．

第Ⅱ部　環境創造編

第6章

再生可能エネルギーの送配電自立型導入の事例
――屋久島の電力事業――

藤本　典嗣

I　電力自由化と地域構造

　1980年代の，英国のサッチャー政権，米国のレーガン政権を発端とする新自由主義思想に基づいた政治的レジームでは，市場メカニズムの浸透を重視した経済構造改革として，電力産業（日本の標準産業分類では電気業に該当）においても，参入・価格・供給に関する規制緩和が推し進められてきた。自由化以前は，発電・送電部門で中央発電委員会が独占に近い形態で運営してきた英国，発電・送電部門は寡占型であったドイツも，1996年のEU電力自由化指令を受けて，発・送・配電のいずれの段階においても，事業者の新規参入と，それにともなう市場メカニズムが，電力産業おいて導入された。次頁図1に示される通り，各部門ごとの市場構造の寡占度合においては国別に異なるものの，基本的に自由化は，発電から配電にいたるまで，電力産業の全過程において導入されてきた。

　日本においては，新自由主義の一派に汲みしていると考えられる中曽根政権時の，1980年代後半に，国鉄・電電公社・専売公社などの国有企業において，自由化・民営化が遂行されてきた。対照的に，電力自由化は，欧米主要国を発端とするグローバル化の潮流から，一定の距離をおいてきた。発・送・配電の全般を担う業者は，一般電気事業者に区分され，東京，関西，中部，中国，四国，九州，沖縄，北海道，東北，北陸の各電力会社の営業範囲である各地方ブロックで，1電力事業者のみが事業許可される「地域独占型」の市場構造を特色としてきたのが，戦後の日本の電力産業である。それに対する規

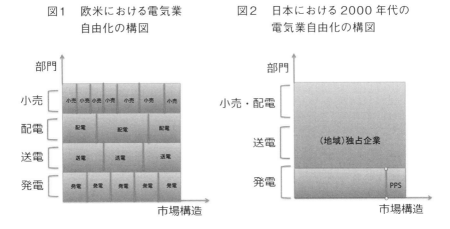

図1 欧米における電気業自由化の構図　図2 日本における2000年代の電気業自由化の構図

出所：図1，2 トマ・ヴェラン，エマニュエル・グラン（2014）をもとに作成。

制緩和と，市場の自由化は，2000年代に入ってからようやく進展したが，発電規模の大きな事業から参入を許可するなど種々の制約を設けながら発電から，自由化が進展した。2000年3月から，工場，デパート，オフィスビルなど大規模需要家向けの「発電」のみが自由化され，次第に中小規模需要の発電も，自由化していった。

電力の安定的供給という大義名分を堅持するため，日本における電力自由化の過程は，大規模事業者であることが，新規参入のための必要条件となり，結果として，初期投資額が大規模な事業者のみが発電事業に参入可能であるという自然独占としての電力産業の市場構造は温存された。図2の通り，新規参入は発電のごく一部に限定され，結果として，新規参入の先鋒とされた特定規模電気事業者（PPS）も，大規模都市圏・大規模工業地帯が所在する地域から，事業をはじめていった。

このことは，また，既存の地域構造の温存をもたらした。2000年の自由化から5年経過したのちの，2005年2月時点で，特別高圧，高圧部門の，PPS業者による参入は，東京・関西・中部電力などが所在する三大都市圏や，中国・四国・九州電力が所在する太平洋ベルト地帯をはじめ，既存の大規模発電設備が所在する都市・地域に集中した。大規模工業地帯や大消費地がない

北海道，東北，北陸に至っては，新規参入がゼロであった。

　電力の安定的供給という大義名分は，国内のどの地域においてもシビルミニマムとして最低限のサービスを享受できる状態の維持という意味も含まれていると考えられる。全国レベルでは，全国一律の電力供給という意味では，平等であるものの，地方ブロック単位でみると，地域独占型の電力会社が，その地方で最大の企業であることが多く，関連企業や取引など連関効果の核となり，その本社の所在地の一極集中をもたらしているが，このような地域構造も同時に温存されてきた。特に，電力会社に対抗できるだけの資本規模，生産規模，売上高がない，東北，北海道，沖縄などにおいて，電力会社の本社の立地をはじめとする公営・公益・省庁の出先の配置により，地方都市・地域の各経済規模が規定されてきた。[1]

II　福島原発事故後の電力自由化

　「電力の安定的供給」の名の下に，できるだけ地域独占・寡占を温存させ，結果として，地域構造も温存させながら，欧米と比べると非常にゆったりとしたテンポで進んだ日本の電力改革であるが，2011年3月の東日本大震災・福島原子力発電所事故以来，改革や自由化の機運が，リスクの観点から，一層広がってきた。震災以前は，発電の燃料への転換が安価にできる石油・天然ガス・石炭などの鉱物資源が乏しいとされる日本において，原子力発電が，その乏しさを解消するグリーンエネルギーかつ再生可能エネルギーとの名の下で，手段として導入されてきた。

　しかし，原子力発電所は，人的ミスなどの人工災害や地震・津波などの自然災害を問わず，一旦，放射性物質の「かなり」「重大」な外部放出を伴う事故が発生してしまうと，甚大かつ多方面で被害をもたらしてしまうリスクを伴

---

(1)　例として，東北における仙台の経済規模が，そのほかの県庁所在都市や中核都市の3倍程度であるのは，その集中の要因が，公共投資や公益事業の規模の大きさに起因している。その点で，民間の大企業の本社立地や工業立地も，経済規模拡大に大きく寄与してきた中国地方における広島・岡山，九州地方における福岡・北九州と，仙台の都市成長の過程が異なっている。

ことが明らかになった。地方ブロック別では，北海道に次いで，日本で2番目に人口密度が低い東北地方で，強制避難区域を，かろうじて半径20km圏内とし，8万人前後の賠償対象に抑えようと，首相官邸がICRPの基準を援用した「20mSV以上」の地域のみを避難区域に収めようとしても，2011～2016年の賠償合意額で6.5兆円に達し，東電の年間売上高に，ほぼ匹敵する。チェルノブイリ事故の避難区域の設定のように5mSV以上の賠償対象として，日本の平均人口密度の3分の2程度しかない人口稀薄地帯である福島県中通り（白河市－郡山市－福島市が縦貫する地域）を含んだとしても，推計で80万人以上もの賠償が必要となり，単純計算しても，同期間で10倍の約65兆円が発生してしまう[(2)]。

　北海道を除く，日本の他地方ブロックは，全て東北よりも人口密度が高く，マクロバランスの点から経済的重要性が高く，中枢管理機能・成長型産業・主導型工業の立地が多く，かつ多岐である。それよりも経済的重要性が低い東北における事故であった福島原発事故は，原子力発電そのものが内在させるリスクを，福島・東北のみならず，全国・グローバルレベルで露呈することとなった。

　原子力発電所そのもののリスク，電力産業の集中の弊害に対して，経済産業省の電力システム改革専門委員会により改革のための報告書が2013年2月に発表され，概ね，報告書で提言された内容に沿って，欧米での自由化に追いつく形態で，発・送・配の全過程での自由化が進展してきた。

　なかでも，PPS業者の急増，「固定価格買取制度」に後押しされて普及している再生可能エネルギーの導入，などの現象にみられるように，小売と発電面で，太陽光パネルの導入をはじめラッシュのような参入がおこなわれている。

---

(2)　放射性物質の「かなり」「重大」な外部放出の程度については，IAEA（国際原子力機関）などが主導して作成された国際原子力事象評価尺度に基づく。「重大」な外部放出が確認され，レベル7の深刻な事故に指定されたのはチェルノブイリ事故，福島原子力発電所事故の，2件のみであり，より下位のレベル6との，厳密な区別の，事象・事故への適用については，サンプル数が限られているために，困難である。

Ⅲ　地域完結型の電気事業の可能性

　発電と小売でラッシュのような参入がおこなわれている原発事故以降の市場構造であるが，発電面の参入において，人材，設備，経営ノウハウなどの所有・蓄積において，既存の一般電気事業者や，大規模であることを参入の要件とした PPS が，全過程において優位であることが推測できる。また，これらの自由化は，既存の送配電設備を共同使用した上での事業展開であり，送配電に関しては，依然として一般電気事業者による送配電ネットワーク事業の地域独占が継続している。

　倉阪（2015）が，永続地帯論で指摘している通り，太陽光・水力・バイオマス・潮力・風力などの自然資源賦存において，大都市・工業地帯から遠く離れた北海道・東北・南九州や南西諸島などの国土縁辺部は，電力事業の経営において優位性を持つものの，送電・配電・小売の過程において，どの程度，優位性を持つのかは触れられていない。地域独占型の電力事業が，戦後一貫して継続し 2017 年 6 月現在でも，送配電網の自由化が進展していないためである。ただし，地域独占型電力事業の枠組みにおさまらずに，送配電事業も一般電気事業者に依存することなく，地域自立（完結）型の電力事業を営んでいる地域がある。鹿児島県の屋久島である。この地域における電力事業の概要を，送配電を担っている電力事業者の事例を参照することで，送配電を含めた電力自由化が，東北に代表される国土縁辺部に位置する人口稀薄かつ天然資源賦存率が高い地域で，進展するのかの可能性を探りたい。

Ⅳ　屋久島における電力供給構造

　次頁図 3 にみられるとおり，屋久島町は，九州本土の最南の県である鹿児島県に所属するが，本土，なかでも，鹿児島市との主要な交通手段は，2017年 2 月時点で，船舶（フェリー 2 往復，高速船 6 往復）か航空機（冬季で 1 日 3 往復）となる。また，本土や近隣諸島との間に，送電用の海底ケーブルは敷設されていない。そのため，電力に関しては，島内で発電される必要がある。

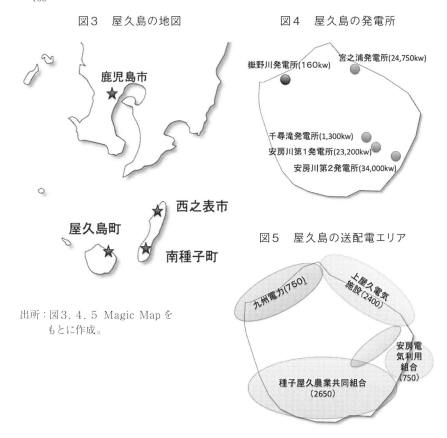

図3　屋久島の地図
図4　屋久島の発電所
図5　屋久島の送配電エリア

出所：図3，4，5 Magic Map をもとに作成。

　九州電力の管轄エリアでは，九州本土と送電網で接続されていない離島群の中で，九州電力が地域独占として，「発電」「送電」「配電」をおこなってこなかったのが屋久島地区である[3]。

　発電に関しては，1950年代以降は，炭化ケイ素を生産する化学系の民間企業である屋久島電工（創立1952年，資本金20億円，本社所在地は東京）が，製造過程において電力を必要とすることから水力発電設備を有し，そこで発生し

---

[3]　九州電力の離島供給約款として，「本土と電気的に連系していない離島」として，7地区を掲げている。その7地区は，「対馬」「壱岐」「福岡西」「川内」「鹿児島」「熊毛」「奄美」の各営業所・事業所の管轄となる。九州電力側としては，屋久島は，種子島・口永良部島とともに，「熊毛」配電事業所の管轄としている。

た余剰電力を送配電の現地の事業所に売電している。図4は，発電設備の立地を示しているが，島の中央部から南東部にかけて，急流が多い安房川が流れるが，この急峻な地形を利用して，ダムによる水力発電が3箇所ある。そのなかで，最下流に位置する安房川第2発電所が，34,000kwを出力し，島内で最大の発電所となっている。また，屋久島電工の炭化ケイ素を生産する工場が島の北東部にあるが，そこに内燃式の火力発電所である宮之浦発電所があり，渇水時など水力発電所の利用が困難な時の予備的な位置づけである。また，北西部には，160kwと小規模であるが，嶽野川発電所という九州電力が所有するものもある。なお，この地区，および同地区を対岸とする口永良部島は，九州電力による電力供給エリアである。

屋久島は山岳部が多く平均標高が高いこと，年間降水量も南西諸島に位置することから多いことにより，水力発電のための自然資源の賦存度が高く，域内で発電をまかなえる条件が整っている。

発電は，ほぼ屋久島電工1社による複数の水力発電によるものの，送配電に関しては，前頁図5にみられるとおり，電力を送配電する事業者は4事業所ある。北東部に位置し2,400世帯に供給し町役場が主体となる屋久町電気施設協同組合，南部を広域的に管轄し2,650世帯に供給するJAである種子屋久農業協同組合，地域住民同士の組合組織で，750世帯に供給する安房電気利用組合，北西部の750世帯に供給する九州電力の，3組合と1社である。次に，3組合の電力事業の現状を，ヒアリング調査をもとに記述していく。

V 安房電気利用組合の事例

安房川下流の流域に所在する狭いエリアの集落を中心に電力供給事業をおこなっているのが，安房電気利用組合であり，約750世帯に供給している（次頁表1）。供給数は，約1,100メーターであるが，その内訳は中心集落である安房地区に539世帯（1,052名），その北側の牧野地区に200世帯（400名），南側の松峯地区に11世帯（20名）である。契約電力量は，2,500kwであるが，年間の供給量は約700万kwに達する。契約種別は，電灯は，定額，従量（甲・乙），臨時，公衆街路（甲・乙）に区分され，電力は，低圧，臨時，高圧

表1　安房電気利用組合の事業概要

項目	数値
供給数	1,100 メーター
契約電力量	2,500kwh
供給電力量（年）	約 700 万 kw
送配電線延長	13,000m
売上高（年）	165,480 千円
費用（年）	148,866 千円

注：2015 年 6 月現在の数値であるが，売上，費用に関しては 2014 年度のものである。

に区分される。安房電気利用組合が管轄するエリアは，狭小かつ人口密度が高いので，送電線の総延長は，13kmに収まっている。年間の売上高は1.65億円であるが，電気料収入が1.54億円，工事収入が0.1億円であり，大半が域内世帯からの電気料収入による。費用は1.48億円かかる。このうち，発電事業者である屋久島電工には，1.0億円の支払いをしているが，仕入れレートは1kwhあたり11円86銭となっている。また，事業所運営のための一般管理費は0.48億円となる。これらの費用を，収入から差し引いた純利益は，0.11億円となる。年度の収支のみをみれば，750世帯未満の需要でも，送配電を含めた電力事業運営は，可能ということになる。ただし，収支の中に，電線・電柱・伝統・メーターなどの設備投資・設備更新や研究開発費は含まない。

安房電気利用組合の特徴としては，人口密度が比較的高く，住宅・事業所が，ある程度まとまったコンパクトな地域を，電力事業の対象としているために，送電網が，他の組合と比べて短くなり，その維持管理が費用の大幅な押し上げ要因とはならないことである。また，島内で最大の出力規模である安房川第2発電所や安房第1発電所に近接し，安定的な電力供給を受けやすい地域という特色も持つ。

Ⅵ　種子屋久農業協同組合の事例

島南部の東西の集落をつなぐ帯状のエリアを管轄しているのが，東隣の種

表2 種子屋久農業協同組合の事業概要

項目	数値
供給世帯数	2,650 世帯
供給電力量（年）	約 1,004 万 kw
送電線延長	39,600m
電気料金収入（年）	260,528 千円

注1：2014年度の数値である。
　2：公開されている数値のみを掲げている。

子島と屋久島を事業エリアとしている種子屋久農業協同組合である（表2）。同組合の本所は種子島であるが，JAの一般的な業務である購買，葬祭，介護，自動車や農機具販売に加え，屋久島特有の事業として電気事業部門を設け，屋久島電気事業所として，尾之間地区に支所をおいている。

供給世帯数は，2,650世帯数であるが，西端の集落（栗生）から東端の集落（永久保）の間に，

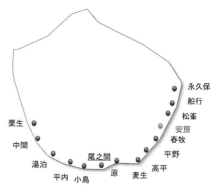

図6　屋久島南部の集落分布図

出所：Magic Mapをもとに作成。

安房電気利用組合のエリアを挟むが，このエリアを除くと，14の集落を中心に電力を供給している。そのため，送電線は39.6kmと長くなっている。

図6に示されるとおり，安房のように人口密度の高い地域のみを対象としている訳ではなく，小規模の分散型集落を対象としている。年間の電気料収入は，全体の世帯数が多いため2.6億円となっているが，最大の料金収入がある尾之間地区でも，2,987万円で，全体に占める割合は11.4%にすぎない。

小規模集落を数珠状で東西につなぐような地域構造を特色とすることから，送電線などの費用が多くかかることが察せられる。また，島内の主力発電所から，安房に比べると遠隔に位置するために，一定の送電ロスも発生すると察

せられる。このような地理的条件で，設備投資に関しては多額の費用がかかる。配電設備への初期投資としては，安房から栗生地区にかけての配電施設の建設は，1956（昭和 36）年12月に，「農山漁村電気導入促進法」による補助金交付，当時の農林中央金庫からの借入によると記録されている（種子屋久農業協同組合の屋久島電気事業所から提供された資料による)[4]。

電気料収入と，発電所への支払い・一般管理費をみると，安房電気利用組合・農協とも，黒字を計上している。しかし，固定費用と考えられる送配電の設備については，何らかの補助金により投資がなされている面がある。その点で，小規模生活圏における電力事業の自立において，設備の初期投資をいかにして調達するかが大きな課題である。

Ⅶ　安定的供給と停電——町役場でのヒアリングより

これまで，地域独占が認められてきた背景として，「電力の安定的供給」という目的があり，この文言の解釈として，一定規模以上の経営基盤や設備を保有する電気事業者でなければ，「停電」などへの迅速かつユニバーサルな対応ができないとされてきた。特に，屋久島をはじめとする九州地方は，気象条件として台風など豪雨が多く，そのため，それらに起因して停電が起こる回数が，全国よりも高いと考えられる。

この停電回数については，町役場に情報が保管されている。平成 27 年 6 月に屋久島町役場でおこなったヒアリングの際に，提供された停電回数についての資料によると，2010 年から 2014 年の間で，停電は 30 回おこっている。10 年に 9 回，11 年に 6 回，12 年に 9 回，13 年に 3 回，14 年に 3 回である。そのうち，19 回が発電側を要因とするものであり，主たる理由で最も多いのが「落雷」の 11 回である。よって，送配電設備に起因する停電は，全体の 3 分の 1 に満たない。なお。停電時間で最長は 2010 年 12 月の 12 時間，最低は

---

(4) 農山漁村電気導入促進法の目的については，「この法律は，電気が供給されていないか，若しくは十分に供給されていない農山漁村又は，発電水力が未開発のまま存する農山漁村につき電気の導入をして，当該農山漁村における農林漁業の生産力の増大と農産漁家の生活文化の向上を図ることを目的とする。」と記されている。

2011年7月の5分である。

おわりに

　小規模生活圏で，なおかつ，地域で完結・自立した電力事業を営んでいる事例として，屋久島町の電力事業を概観した。個別事例ではあるが，本稿から，小規模生活圏における再生可能エネルギーの導入の条件について，いくつか課題点を述べる。

　恵まれた降水量や水力発電に適した地形という自然資源の賦存とともに，発電施設を既に保有している事業所があることが，屋久島の場合は，小規模といえども送配電事業者が成立するための前提となっている。発電設備まで含めた電気事業は，屋久島における送配電業者の規模では，経営的に成立することは困難である。発電における設備投資は，水力の場合は巨額であることが一般的であるが，太陽光パネル，バイオマスなど，大規模発電に比べ，安価な初期投資による発電設備が，中小規模の事業者の経営の成立閾値の範囲内に収まる費用として，現実的であろう。

　また，送配電事業においても，設備投資は，過疎対策事業の補助金などによる面もあり，この事業を，送配電業者が，自己資金で調達して事業をおこなうとなると困難である。全国の送配電網は，基本料金から捻出されている，そのため，送配電網は，誰でも使う権利があるという考えからすると，公共財としての送配電網のあり方も，全国一律でなく，屋久島など小規模生活圏における負担の在り方などを参考にして，発送電分離が議論されるべきであろう。

【謝辞】
　本論文の作成にあたり，JSPS 科研費 JP90455907 の助成を一部使用した。

【参考文献】
　（日本語）
倉阪秀史（2015）『環境政策論』信山社。
長山浩章（2012）『発送電分離の政治経済学』東洋経済新報社。
藤本典嗣（2015）「除染集約型復興政策と福島の地域経済」（計画行政学会特集論説「原子力復興政策の経済的側面——福島からの発信」）『計画行政』第38巻第3号。

藤本典嗣（2017）『テキスト都市地理学』中央経済社。
藤本典嗣・厳成男・佐野孝治・吉高神明（2017）『グローバル災害復興論』中央経済社。
山内弘隆・澤明裕編（2015）『電力システム改革の検証──開かれた議論と国民の選択のために』白桃書房。
（翻訳本）
トマ・ヴェラン，エマニュエル・グラン（エアクレーレン訳／山田光監訳）（2014）『ヨーロッパの電力・ガス市場』日本評論社。

第7章

環境未来都市構想に掲げる「環境」「産業振興」をコンセプトとしたスマートコミュニティの研究

加藤　宏承

I　本研究の目的

　岩手県陸前高田市は，気仙広域環境未来都市に指定され，環境や産業振興等に関する技術・社会経済システム・サービス・ビジネスモデル・まちづくりにおいて，成功事例を創出し，それを国内外に普及展開することで，需要拡大，雇用創出等を促し，持続可能な経済社会の発展の実現を目指している。ここでは，環境未来都市構想に謳われている「環境」及び「産業振興」をコンセプトに，現在，陸前高田市で取り組まれている環境プロジェクト及び産業に焦点をあてたスマートコミュニティを提案し，海外，特に開発途上国に普及展開する手法について研究し，持続可能な環境未来都市に繋がるモデルを形成することを目的とする。

II　陸前高田市の概要

　陸前高田市は，東日本大震災において，死者・行方不明者数が，岩手県内最多の1,807名（当時の人口の約7.75％に相当）に上り，多大な被害を受けた。現在，ふるさと陸前高田の再生と更なる発展を目指し，震災復興計画に基づく復興事業を推進している。
　東日本大震災から5年が経過し，日本政府が位置付けた10年の復興期間の前半「集中復興」フェーズは今年度末で終了し，新たなステージ，「復興・創生」フェーズに入るところである。

これまで（平成 23〜27 年度），全被災地における復旧・復興事業の予算は約 25 兆円が計上され，高台移転や巨大防潮堤，災害公営住宅の建設等が進められてきた。しかしながら，インフラが元通り復旧されれば，「まち」が復興するわけでなく，持続的に「まち」が成長していくためには，経済活動の立て直しが課題となっている。

陸前高田市の沿革，人口及び地理的特徴は以下の通りである（陸前高田市 2017）。

1　沿革

- 明治 8 年（1875 年）　水沢県による村落統合にともない，高田村は竹駒村と合併して氷上村となる。
- 明治 22 年（1889 年）　町村制施行にともない，氷上村を改称して旧来の高田村単独で町制施行し高田町が発足。
- 昭和 30 年（1955 年）　高田町・気仙町・広田町・小友村・竹駒村・矢作村・横田村・米崎村が合併し，陸前高田市となる。

2　人口（平成 28 年 12 月 31 日時点）

男 9,616 人，女 10,255 人，合計 19,871 人，世帯数 7,600 世帯。

3　地理

陸前高田市は，岩手県の太平洋岸の南東部に位置し，大船渡市（北東），気仙沼郡住田町（北），一関市（西），宮城県気仙沼市（南）に隣接する（109 頁写真 1）。

西の唐桑半島と東の広田半島に挟まれた広田湾に面し，三陸海岸では最大級の平野に市街地が広がる。広田湾には気仙川が流れ込み，肥沃な土砂で形成された砂州は，高田松原と呼ばれ，江戸時代よりクロマツ，アカマツが約 7 万本植林され，防潮林としての役目を果たしてきた。東日本大震災では，約 10m を超える津波が押し寄せほぼ全てのマツが壊滅状態となった。その大津波に耐えた一本の松が，奇跡の一本松と呼ばれ，復興のシンボルとなったことは記憶に新しい。

写真1　震災前の陸前高田市

出所：JAXA（2017）。

4　産業構造

　人口割合としては，サービス業等の第三次産業従事者が全体の50％以上と多く，農林水産業等の第一次産業従事者は，全体の15％程度である。平成27年度の予算執行状況を見ると，農林水産業等は全体の1.9％程度とかなり低く，震災復興関連のインフラ整備費に殆どを費やされている。この状況では，日

本政府からの復興支援の終了と共に，経済活動が衰退していくことが予想され，今後，政府の補助金に頼らない産業構造を作っていくことが課題である。

Ⅲ　環境未来都市構想

　陸前高田市は，気仙広域環境未来都市に指定され，21世紀の人類共通の課題である環境や超高齢化対応等に関して，技術・社会経済システム・サービス・ビジネスモデル・街づくりにおいて，成功事例を創出するとともに，それを国内外に普及展開することで，需要拡大，雇用創出等を実現し，持続可能な経済社会発展の実現を目指している（次頁図1）。

　基本コンセプトは，「環境・超高齢化対応等に向けた，人間中心の新たな価値を創造する都市」であり，環境，超高齢化対応及びその他（産業振興等）を念頭に，教育，医療・介護，エネルギー，情報通信技術（ICT），モビリティ，住宅・建築物等について，環境，社会及び経済的観点から新たな価値を創造する都市を目指すものである（111頁図2）。

Ⅳ　「環境」「産業振興」をコンセプトとしたスマートコミュニティ

　陸前高田市では，環境未来都市構想下，様々な取り組みが行われている。ここでは，環境未来都市構想に謳われている「環境」及び「産業振興」をコンセプトに，現在，陸前高田市で取り組まれている環境プロジェクト及び産業に焦点をあてたスマートコミュニティを提案する。産業にあたっては，地理的な特色を生かせ，豊かな海に恵まれていることから，漁業（牡蠣）を取り上げる。

1　陸前高田市における環境プロジェクト

　2016年1月に，民間会社の投資により，メガソーラーの商用運転が開始されている。建設地は，陸前高田市横田町の山間部で，敷地面積27,716㎡，設置容量約1,252kW，推定年間発電量は，約1,160,000kWhである。これは，日本の住宅約320軒程度の需要電力に相当する（㈱プロスペクト2017）。

　また，陸前高田市は独自に新エネルギー設備導入促進事業実施要綱を作成

図1　環境未来都市構想概要

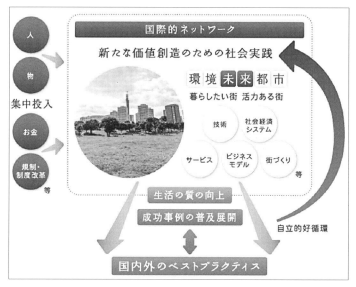

図2　コンセプト概要

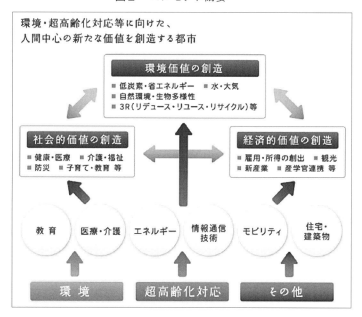

出所：図1，2　内閣府（2017）。

し，環境負荷の少ない循環型社会の構築を目指している。この中で，住宅用太陽光発電システム及び木質バイオマスエネルギー設備の設置につき，商品券による助成を行っている（陸前高田市 2017）。

- 住宅用太陽光発電システム助成概要

 区分：住宅用太陽光発電システム

 助成対象：

 ①市内の住宅に新たに設置されるもの。

 ②住宅の屋根等への設置に適し，最大出力が 10kW 未満であるもの。

 助成額：1kW 当たり3万円に，発電設備の最大出力を乗じて得た額とする。

 　　　　ただし，10万円を限度とする。

2　陸前高田市における漁業／牡蠣養殖の概要について

　広田湾は，岩手県沿岸の最南端に位置する陸前高田市にあり，東北大震災前の漁獲高は，約14.1億円（広田湾漁協）で，その内11.9億円を養殖生産物が占め，養殖業が盛んである。中でも，広田湾奥部の静穏な漁場で育つ牡蠣は有名である。東北大震災により，多大な被害は受けたものの，広田湾漁協地域養殖復興プロジェクト等の推進により，漁獲高は戻りつつあり，陸前高田市にとって未来に向けた今後の戦略的産業振興の対象分野として期待される。現在，広田湾産牡蠣は，ブランド化され，地元の漁協により商品開発も行われており，陸前高田市の名物としてふるさと納税のホームページサイト（2017）でも紹介されている。

3　IoT (Internet of Things) を活用した牡蠣の養殖

　現在，東北地域では，東北大震災後，復興を目指して，より品質を高く，作業の効率化を目指して，IoT を活用した牡蠣の養殖が行われている（NTTドコモ 2017）。

　海上に水温センサー付きブイを設置し，水中にある牡蠣の海水温を測定し，各工程について管理を行う。例えば，養殖場につるしたホタテの貝殻に付着させる工程時に，最も適切な海水温時に作業を行うことが可能となる。また，牡蠣の成長を促すため，沖に移動するタイミングも，海水温を見ながら進める

ことが非常に重要である。ブイに設置される水温センサーは、水面下約1.5〜2mの海水温を1時間毎に測定し、既存通信網を通じて、クラウドサーバにデータを送信する。牡蠣養殖事業者は、自宅、港、加工場、船上のどこにいても、海水温を確認できる。従来は、海上に船で出向き、1時間かけて海水温を測定していたことから、きめ細かい牡蠣の管理が可能となると共に、船の燃料も大幅に削減される。このように、これまで培われてきたノウハウにIoTを活用した先進的な牡蠣の養殖が行われている。これらのノウハウ、技術は海外の牡蠣養殖事業にも大いに参考となるものである。

4 海外展開のための太陽光及びIoTを活用した牡蠣養殖事業の提案

陸前高田市では、環境プロジェクトとして太陽光発電事業、産業として地理の特性を生かした牡蠣養殖事業を行っている。これらの知見、経験、ノウハウ及びIoT活用を統合、パッケージ化し、海外、特に開発途上国に技術移転することで、陸前高田市の復興、更には持続的な環境未来都市の形成に繋がることが期待される。

開発途上国では、日本のように十分な電力インフラが整っていないため、海産資源に恵まれているにも拘わらず、十分にそれらの恩恵を享受できていない状況である。このような状況も考慮し、以下の太陽光及びIoTを活用した牡蠣養殖事業を提案する。

1) 陸においては、牡蠣養殖事業（事務所、冷蔵・冷凍庫、加工機械等）を行うために必要な電力を太陽光発電で賄う。
2) 海においては、ソーラーパネルを備えた水温センサー及び水中の牡蠣の状況を確認する水中カメラ付きブイを設置する。ブイからはインターネットを介して、クラウドサーバに水温及び水中の牡蠣の成長状況の写真が記録される。水温及び牡蠣の状況がタイムリーに監視ができ、的確な管理が可能となる。
3) 開発途上国の牡蠣養殖関係者が、陸前高田市に研修に来て貰い、人材育成を行う。

上記の事業により、開発途上国の発展に貢献すると共に陸前高田市にとっても、独自の産業を核とした事業モデルができ、持続的な発展に繋がる。また、

図3 太陽光発電およびIoTを活用した牡蠣養殖事業

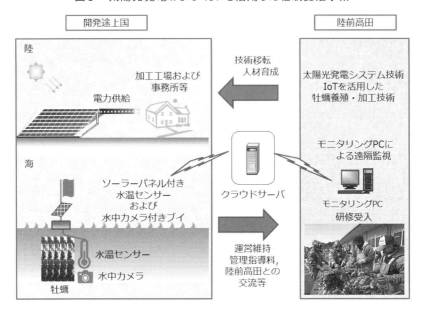

人の交流が生まれることで，他分野への経済波及効果も期待される（図3）。

V 海外普及展開へのアプローチ

1 海外普及展開のためのスキーム

提案した事業の海外普及展開の方法としては，現在，国際協力機構（JICA）が中小企業海外展開支援を行っている（115頁表3）。本スキームは，中小企業の優れた製品や技術を開発途上国の開発に活用することで，開発途上国の開発課題の解決と日本の国内経済の活性化を目指すことを目的としている。基礎調査，案件化調査，普及・実証事業のメニューが有り提案事業の熟度により，スキームを選択することが可能である。また，草の根技術協力事業もあり，これは，自治体や大学等がこれまでに培ってきた経験や技術を活かして企画した，開発途上国への協力活動を支援するものである（JICA2017(b)）。

本事業については，海外展開の一つのアプローチとして，東北地域の復興

第7章 「環境」「産業振興」をコンセプトとしたスマートコミュニティの研究　115

表3　ODAを活用した海外展開スキーム

スキーム名 （対象者）	概要	期間，金額等
基礎調査 （中小企業）	開発途上国の課題解決に貢献する海外事業に必要な基礎情報収集・事業計画策定のための調査	数ヶ月〜1年， 上限850万円
案件化調査 （中小企業）	製品・技術等を開発途上国の開発へ活用する可能性を検討するための調査	数ヶ月〜1年， 上限5,000万円
普及・実証事業 （中小企業）	製品・技術等に関する開発途上国の開発への現地適合性を高めるための実証活動を通じ，その普及方法を検討する事業	数ヶ月〜1年， 上限1.5億円
草の根技術協力事業地域提案型 （地方自治体）	地域の技術・経験を活かし，開発途上国の人々の生活改善・生計向上に有益である事業に対する支援	1年以内， 上限3,000万円

出所：JICA（2017(a)）。

という観点から，陸前高田市を母体とし，上記の草の根技術協力事業地域提案型を提案する。

2　事業実施体制

提案者は，陸前高田市に加えて，協力者は牡蠣養殖事業を実施している広田湾漁業協同組合とする。先方については，開発途上国も同様に地方自治体下に，地元漁業事業者の体制とする。牡蠣養殖及び加工技術等は広田湾漁業協同組合，太陽光発電システム及び牡蠣養殖のIoTシステムについては，それぞれ太陽光事業者（もしくはメーカー）及びIoTメーカーが担当する（116頁図4）。

3　実施スケジュール

実施スケジュールについては，1年目に現地調査及びフィージビリティ調査を行い，2年目に機材を導入，パイロット事業を実施，指導を行い，3年目にパイロット事業をフィードバックし，4年目以降は，補助金なしの事業を実施というスケジュールを想定する（116頁図5）。

図4　事業実施体制（案）

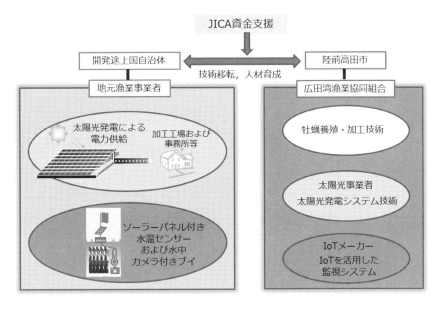

図5　事業実施スケジュール（案）

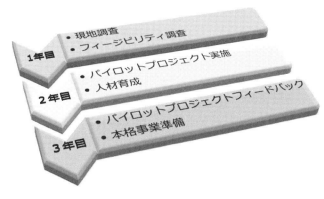

おわりに

　2011年の東日本大震災では，東北地方を中心に多大な被害を出し，未だに復興途上の状況である。現在日本では，人口減少が進む中，地方の過疎化が問題となっている。東北の地方都市も，なにもしなければ，人口が減少し，じ

り貧になっていくことが予想される。現在、東北地方では、復興の名のもと、多額の予算が計上され、数字上では、経済がある程度回っている。しかしながら、これらの予算は永遠に継続していくものではない。東北地方だけでなく、全国の地方自治体は、現在、将来持続して発展するための取り組みが、喫緊の課題となっている。他方、開発途上国は、日本とは全く反対の状況の国が多い。経済成長率は5%以上、若年層が人口の多くを占め、さらに人口が増加している状況である。開発途上国は、人口が増加する中、さらなるインフラの整備に加えて、経済成長を持続するために、先進国からの技術移転を求めている。このような状況下、日本政府は、日本国内での内需拡大は困難と判断し、海外への日本の技術を展開すべく、2010年にインフラ輸出戦略を策定し、2020年には約30兆円のインフラ輸出を目標に掲げている。

本提案は、日本のテクノロジーと地方都市にある第一次産業（漁業）において培ってきた知見を融合し、それらの海外展開を図り、開発途上国への貢献と共に、地方都市の持続的な発展に繋げるための試みである。ここでの提案は一例であり、他にも東北地域での多くの第一次産業を展開する事業が可能と思われる。

【参考文献】

岩手・陸前高田市ふるさと納税サイト（2017）https://www.taka-furu.com/（2017年9月28日閲覧）。

㈱NTTドコモ（2017）「社会的課題の解決をめざす+dの挑戦」docomo Business Online http://www.docomo.biz/html/plus_d_fishery/?dh=plus_d_f（2017年9月28日閲覧）。

JICA（2017(a)）「中小企業海外展開支援事業」https://www.jica.go.jp/sme_support/index.html（2017年9月28日閲覧）。

JICA（2017(b)）「草の根技術協力事業」パンフレット。

JAXA（2017）http://www.jaxa.jp/article/special/antidisaster/img/yokoyama_img02_1_l.jpg（2017年9月28日閲覧）。

内閣府創生推進事務局（2017）「環境モデル都市・環境未来都市」http://www.kantei.go.jp/jp/singi/tiiki/kankyo/（2017年9月28日閲覧）。

㈱プロスペクト（2017）「太陽光事業」http://www.prospectjapan.co.jp/solar/index.html（2017年9月28日閲覧）。

陸前高田市ホームページ（2017）http://www.city.rikuzentakata.iwate.jp/（2017年9月28日閲覧）。

第8章

被災地観光に見る自然災害からの守りの伝承文化
——「語り部観光」を題材に——

海津　ゆりえ

I　本研究の背景

　東日本太平洋津波地震（以後，東日本大震災）はその地震の規模と被害の甚大さも相まって，多くの研究者の研究テーマや姿勢に大きな変化をもたらした。筆者もその一人である。宮城県南三陸町を2011年7月に訪れた際，現地を案内してくれたのは自ら被災し，仮設住宅にお住まいのAさんだった。訪れる人に当時のことを語る「語り部」として役場が紹介してくれたのである。高台から沿岸を見下ろしながらAさんが語ってくれた言葉は衝撃的であった。「津波はすべてを持って行ってしまったけれど，50年前の美しかった三陸の海が戻ってきた。ああ，ここからやり直せると思ったんです」。音のしない，荒涼たる風景を見つめ続けると光が見える，という「生の声」には力強さとリアリティがあった。この土地の自然環境とつき合ってきた人にしかわからない確信の力もあった。そして暗さや悲惨さばかり強調するメディアに同調して被災地をとらえることは誤りであると知った。活字にもSNSにもならない重要なメッセージが「語り」にはある。この声を聞くために，観光客は訪れるべきだと考えた。
　本書の主題に照らして，本章では東日本大震災後の被災地における「語り」を含む観光に焦点を当てる。その現状と課題を把握したうえで，次に来るべき災害に備えるための「伝え」について考察を試みる。主たる研究対象は岩手県宮古市で震災直後から始まった防災ツアー「学ぶ防災」および他地域の防災ツアーである。研究手法は文献調査と現地調査を主とした。
　災害を伝える「語り」や伝承に関する研究は，新しいものではない。阪神・

淡路大震災後の語りや博物館での伝達を題材に防災人間科学を提唱する矢守克也（2007）や，兵庫県「人と防災未来センター」の語り部を題材とする高野尚子の研究（2007）のほか，人為災害に視野を広げれば戦争の記憶伝承等についても数多くの知見がある。しかし，災害の形や復興過程は災害によって，あるいは地域によって全く様相が異なる。また災害を取り巻く社会状況も先行研究とは大きく変化している。東日本大震災後の「語り部」研究は，今日の自然災害における守りの意味を照射すると考える。

　なお，本論文では「語り」「語り部」「語り部観光」を次のように定義する。「語り」とは文字通り語りかけることである。観光においてはホストからゲストに言葉等で語ることにより，意味を伝えることを指す。「語り部」とは「語り」を行う主体である。人であることが多いが，後述するようにメディアを介する場合もある。「語り部観光」とは，「語り」や「語り部」がプログラムの主軸となる観光を指すこととする。

Ⅱ　東日本大震災における「語り部観光」

1　岩手県宮古市「学ぶ防災」

(1) 宮古市の被災状況

　東日本大震災による宮古市の最大震度は茂市の震度5強，以下五月町・鍬ヶ崎・長沢・田老・川井・門馬田代で震度5弱であった。津波最大波高は8.5m以上と分析され，津波遡上高は東京大学地震研究所によれば田老小堀内37.9m，学術合同調査によれば重茂姉吉で40.5mであった。警察庁発表（2014）では死者517人（死亡届出者407人，死亡認定者110人）とされている。住家被害は全壊5,968棟，大規模半壊・半壊2,509棟，一部破損611棟であった。震災後の津波によって漁港から市街地にかけて壊滅的な被害にあったが，中でも市北部の田老地区では500人を超える死者に加えて，水産加工施設や集荷・荷捌き場，漁船などの破壊・流出を招き，主産業の漁業にも大きな被害を残した。田老地区は慶長，明治，昭和の過去3度津波でも常に甚大な被害を出した。昭和大津波の後，津波に強い街を作るために区画整理と総延長2,433mの大防潮堤を建設し，避難経路を整備してきた。防潮堤を破壊

写真1　「学ぶ防災」ガイド（背景はたろう観光ホテル，2016年7月筆者撮影）

して押し寄せた津波に屈したことは，防災意識が高く"津波田老は防災の街"と誇ってきた市民に精神的ダメージを与えた。

　宮古市では，2011年度から2019年度の9年間を「宮古市東日本大震災復興計画」の期間とし，3期に分けた計画を推進してきた。復興に向けた3つの柱として，「すまいと暮らしの再建」「産業・経済復興」「安心な地域づくり」を掲げ，5つの重点プロジェクトの一つに「災害記憶の伝承プロジェクト」を実施するとした。(1) もともと宮古市は東北地方における主要観光拠点の浄土ヶ浜を有し，震災前は年間120万人余の観光客を迎えていたが，2011年は33万人に落ち込んだ。しかし2011年7月には浄土ヶ浜遊覧船の定期運行を再開，復興イベント等も開催して翌年には74万人まで回復している。2013年5月に「三陸復興国立公園」が誕生し，9月に「三陸ジオパーク」が日本ジオパークに認定されるなど大型観光地としての地盤を着々と再建しつつある。

(2)　宮古市「学ぶ防災」

　これらの観光復興の過程で生まれ，宮古市独自の観光となったのが，2012

---

(1)　他に「すまいの再建支援プロジェクト」「みなとまち産業振興プロジェクト」「森・川・海の再生可能エネルギープロジェクト」「防災のまち協働プロジェクト」がある。

写真2　防潮堤からの眺めは5年間で大きく変わった
（上：2012年10月，下：2017年7月，筆者撮影）

　年4月から開始された宮古観光文化交流協会（旧・宮古観光協会）の事業「学ぶ防災」である。同事業は発災後に田老地区で立ち上がったNPO法人の起案をもとに，市と観光協会が事業化に向けて育ててきたプログラムである。語り部の活動を自発的に行っていた市民の姿を見た有志の発案によるものであった。事業化に際してガイド希望者を募り，プログラムができあがった。
　内容は，「学ぶ防災」ガイドに引率されながら，三陸ジオパークのジオポイン

トにも認定されている「防潮堤」，再建されたワカメ加工所，震災遺構第1号に指定された「たろう観光ホテル」を巡り，震災時の様子やガイド地震の体験談，復興過程を聞き，「たろう観光ホテル」の松本社長がホテルの窓から撮影した津波の映像を撮影した部屋で視聴する[2]。参加者の希望があれば，子供たち全員が生き残った田老小学校とその前にある津波顕彰碑，公民館から高台へ避難するために整備されている避難路などを見学する。事業がスタートしてからも田老では沿岸部の盛土，防潮堤の高さ補強，復興公営住宅の建設などが目まぐるしく進んでいる。2017年には盛り土の上に野球場もオープンした。「学ぶ防災」プログラムでは，その変化の過程をガイド内容に取り入れながら，変わりゆく地域の姿も見せ，参加者がどのように考えるかを問う (122頁写真2)。

このプログラムは震災の事実と教訓の風化を防ぎ，伝承していくことを通して，参加者に「自助」の大切さを訴えることを目的としている。ガイド自らの被災経験から津波の恐ろしさや逃げる知恵，突然襲い掛かる災害に対する防災意識，命の大切さを学ぶことができる。筆者はプログラム開始当時から毎年参加しているが，ガイドの熱意や伝えられるメッセージ，ねらいは変わっていない。今では常識となっているが，田老の津波の被災者は「逃げなかった」人々だと教えられたのもこのプログラムであった。

参加者は日本各地から集まり，個人旅行の他，旅行会社主催のバスツアーや企業の研修，教育旅行にも取り入れられている。参加者延べ人数 (124頁図1) は2012年度18,928人，2013年度31,392人，2014年度28,067人，2015年度19,608人，2016年度 (2月末まで) 20,026人であった (データは宮古観光文化交流協会より)。観光における復興元年というべき2013年度をピークとしてはいるが，ここ数年は2万人程度の参加者数でほぼ落ち着いている。図2を見るとわかるように，2013年度は旅行代理店経由での依頼件数が多く，最近は個人客の件数が多い。

図3は，学生・生徒・児童の参加者数推移である。中学校，高校からの参加者数が多いことがわかるが，多くは修学旅行の一環である。被災地訪問が

---

[2] このビデオは，撮影地点である同場所でのみ視聴でき，「学ぶ防災」のハイライトとなっている。

図1 「学ぶ防災」参加者数推移（依頼経路別，2016年度は2月末まで）

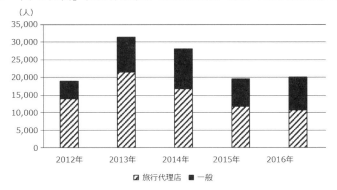

図2 ガイド依頼件数推移（依頼経路別，2016年度は2月末まで）

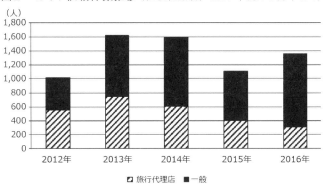

図3 教育機関別参加者数推移（2016年度は2月末まで）

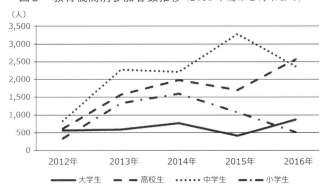

出所：図1，2，3 宮古市観光文化交流協会資料

学校の課外授業に位置づけられていると推察できる。

2　東北3県における「語り部観光」

「学ぶ防災」のような「語り部観光」は東北でどのように展開されてきたのだろうか。

2011年6月に復興庁が設立され，東北3県でのインフラ整備が進み，2016年度には「新しい東北交流拡大モデル事業」が実施されるなど，東北3県（岩手・宮城・福島）では交流人口の拡大に向けての国レベルの事業が進められたが，「語り部」の活動はこれらの大きな復興支援とは一線を画し，地域や個人レベルのミクロな発信として始められ，続けられてきた。やがてそれらのミクロな活動とマクロな観光政策が連携し，観光物産協会のようなプラットフォーム（組織やポータルサイト等）によって「語り部」活動の情報発信や接続が行われるようになった。

これらのポータルサイトから，各県における「語り部観光」を抽出したものが126-127頁表1である。岩手県は「いわて三陸観光復興プラットフォーム」，宮城県は「宮城まるごと復興支援団体一覧」，福島県は「ふくしま観光復興支援センター」の各ホームページを活用した。実際には類似の活動を行っている人材や地域はもっと多いと推察される。一方で，情報提供はしているが実際の活動状況にはばらつきがあると想定される。同様の調査を2014年にも行ったが，当時の語り部団体とは様変わりしていたからである。

2017年7月・8月に上記のうち岩手県4地域において，「語り部ガイド」ツアーに参加した。宮古市観光文化交流協会「学ぶ防災」，椿の里・大船渡ガイドの会，おらが大槌夢広場による「震災語り部ガイド」，釜石観光ボランティアガイド会・夢ふれあい隊による「震災語り部ガイド」である。いずれも自治体の観光協会が窓口となって語り部ガイドの会からガイドが派遣されるシステムであった。案内時間は参加者の都合に合わせ，最大3時間として料金は一律3,000円であった。震災直後から各地で土地の人が語り部として来訪者を案内する活動が始まっており，6年の間に共通のシステムができあがった。

場所によって被害の程度や復興の過程は異なっており，震災遺構の有無の差などはあるが，概ね案内されるポイントには共通点があった。列挙すると次

表1　東北3県（岩手・宮城・福島）における震災語り部

県	市町村	実施主体・連絡先
岩手県	全県	いわて復興ツーリズム推進協議会
	田野畑村	NPO法人体験村・たのはたネットワーク（サッパ船アドベンチャーズ，大津波語り部＆ガイド，北山崎ネイチャートレッキングガイド）
	久慈市，野田村，普代村，田野畑村，岩泉町，宮古市，釜石市，大船渡市	三陸鉄道（北リアス線，南リアス線）
	野田村	野田村観光協会・震災ガイド
	岩泉町	岩泉観光ガイド協会
	宮古市	一般社団法人 宮古観光文化交流協会・学ぶ防災
	山田町	新生やまだ商店街協同組合・震災語り部ガイド
	大槌町	一般社団法人 おらが大槌夢広場・大槌町語り部ガイド
	釜石市	釜石観光ボランティアガイド会・夢ふれあい隊（釜石観光物産協会）
	大船渡市	椿の里・大船渡ガイドの会
		吉浜元気組
		大船渡津波伝承館
	陸前高田市	長洞元気村
		陸前高田市観光物産協会・陸前高田ガイド部会
		一般社団法人マルゴト陸前高田
宮城県	気仙沼市	気仙沼震災復興語り部ガイド（気仙沼観光コンベンション協会）
		気仙沼・本吉広域防災センター
		唐桑半島ビジターセンター・津波体験館
		気仙沼大島観光協会
		一般社団法人 KOTネットワーク本吉
		NPO法人 海べの森をつくろう会
	南三陸町	南三陸町観光協会 震災語り部
		すばらしい歌津をつくる協議会（震災復興支援部）
		南三陸ホテル観洋
		志津川自然の家
	石巻市	石巻観光ボランティアの会 大震災学びの会
		株式会社ヤマサコウショウ
		道の駅上品の郷
		一般社団法人 みらいサポート石巻

ガイド実施団体一覧（2018年3月現在，その1）

宮城県	石巻市	一般社団法人 雄勝花物語
		ホテルニューさか井
		特定非営利活動法人 石巻復興支援ネットワーク
	女川町	一般社団法人 女川町観光協会
		復興まちづくり情報交流館
	東松島市	奥松島観光ボランティアの会
		奥松島縄文村歴史資料館
		宮城県松島自然の家
	塩釜市	特定非営利活動法人 浦戸福祉会
		丸文松島汽船株式会社
	七ヶ浜町	かだっぺ七ヶ浜
	名取市	閖上震災を伝える会
		津波復興機縁資料館「閖上の記憶」
	亘理町	震災語り部の会 ワッタリ
	山元町	非営利型一般社団法人 ほほえみみやぎネットワーク
福島県	いわき市（20）	ふくしま観光復興支援センター
	福島市（17）	
	南相馬市（7）	
	会津若松市（6）	
	須賀川市（4）	
	二本松市（4）	
	伊達市（4）	
	郡山市（2）	
	白河市，喜多方市，田村市，桑折町，川俣町，天栄村，柳津町，金山町，矢吹町，浅川町，広野町，富岡町，川内村，浪江町（各1）	

出所：

　岩手県：いわて三陸観光復興プラットフォーム 震災語り部ガイド http://sanriku-trip.jp/trip/study/guide/（2018年4月27日閲覧）．

　宮城県：宮城まるごと探訪―復興支援団体活動紹介 http://www.miyagi-kankou.or.jp/page/shiendantai/（2018年4月27日閲覧）．

　福島県：ふくしま観光復興支援センター 口演者・視察先を探す http://xn--y8jq2grb6vya77ancx742bpb4ao4j8ud873kepwa.jp/list/?pagenum=1&itemnum=10&x=130&y=24&mode%5B%5D=narration&no=#searchtop（2018年4月27日閲覧）．

のとおりである。
　①代表的な被災拠点の案内（例：宮古市のたろう観光ホテル（震災遺構第1号），大槌町の鵜住居小中学校（「釜石の軌跡」で知られる）等）
　②代表的な復興拠点の案内（大船渡市の魚市場，防潮堤等）
　③まち全体が見渡せる場所等から津波と避難の過程をたどる
　④犠牲者が出た理由を題材に，次の避難を出さないための教訓
　⑤3.11に対する語り部の思い，復興過程への思い　等
　上記のうち①～④は語り部によらず共通して案内される内容と思われるが，⑤は語り部個人によって異なる点である。語り部のメッセージが込められ，参加者にとって最も印象に残り，土地とのつながりを得られる部分であろう。
　また，「ふくしま観光復興支援センター」は，来訪者に向けたマナーとルールを掲載し，配慮を訴えている。時の経過とともに，被災地が"観光地化"していることをうかがわせる。

---

(3)　被災地の現地を訪問される方へ
　以下のマナーとルールを守ってください。
　決して忘れないで下さい。以前にこの場所で暮らしていた人がいます。被災者の心情を配慮し，復興の妨げとなる言動は慎んで下さい。
　①住民の方への配慮をして下さい。飲酒・大声・たばこ，ゴミのポイ捨て・態度・言葉使いなど。
　②写真撮影は被災者感情に配慮して行って下さい。ピースサインを行う等の記念撮影は絶対にしないで下さい。
　③献花・焼香は決められた場所（慰霊碑・献花場等）で行って下さい。献花した花などは持ち帰って下さい。また飲酒した状態での献花等は厳に慎んで下さい。
　④被災して失われた建物跡や立ち入り禁止の場所には，許可なく立ち入ることはできません。
　⑤火気の取り扱いには十分注意して下さい。
　⑥被災地では復興作業員や作業車両に注意して，邪魔にならないようにして下さい。
　⑦被災地では復興関連の大型車が多く往来する場所や，道路の舗装状況の良くない地域がありますので，運転には十分注意して下さい。また，他の車両の通行の妨げにならないよう，決められた場所に駐車して下さい。
　⑧被災地ではトイレが不足しています。事前にトイレを済ませて下さい。
　買い物支援のお願い
　被災地でお買い物していただくと，それが地元経済の活性化に繋がります。地元産品のお土産購入や食事をしていただき，一日も早い復興へのご支援をお願い致します。
　（ふくしま観光復興支援センター「ご注意とお願い」http://ふくしま観光復興支援センター.jp/warning/ 2018年4月27日閲覧）

Ⅲ 「語り部観光」の課題と展望

1 「語り」の継承

(1) 現実から記憶へ

　本章では，2011年から現在までの間に東日本大震災被災地において誕生した「語り部観光」について，筆者自身の経験を含めて述べて来た。2011年7月に受けた「語り」は，被災現場を見下ろしながらの「事実」の解説と，そこでの語り部の「体験」や「感情」であった。時に言葉をつまらせながらの誠意ある語りに，訪問者である筆者らも想像力をめぐらせてその体験を共有しようと努めた。矢守（2003）はこれを「共同想起」と呼んでいる。時間が経過するとともに，「学ぶ防災」ガイドの「語り」の内容には防災の知恵や教訓が組み込まれるようになったと感じる。現場での解説は，被災地の風景の変化とともに臨場感が薄れ，ガイドは写真教材を使用して説明するようになった。将来的には「語り」から「記憶の伝承」へと活動目的が変化していくと考えられる。

(2) 「語り」からモニュメントへの移行

　高野（2007）は，阪神・淡路大震災後の伝承について考察しているが，語り継ぐという活動以外にも，慰霊碑（モニュメント）をめぐるモニュメントウォークや，震災の日に

> 大地震の後には津波が来る
> 地震があったら此処へきて一時間我慢也
> 津波に襲われたら何処でも此の位の高所へ逃げろ
> 遠く尾へ逃げねば津波に追いつかる
> 常に近くの高いところを用意しておけ

被災地を歩く「1.17ひょうごメモリアルウォーク」を行っていると述べている。「学ぶ防災」では，東日本大震災後に東北各地で再発見された津波顕彰碑をツアーの一部に取り入れている。田老小学校前の碑には上のように記されている。足をとめて改めて読み返すことにより，先人からの「守りの知恵」のメッセージのリアリズムに気付く。

(3) ミュージアムにおける「語り」

「記憶の伝承」の役割を追い求める方向性の先に，アーカイブやミュージアム等にモノ・コト・エピソード等を集約する段階が想定される。阪神・淡路大震災後の2002年に神戸市に建設された「人と防災未来センター」には，多くの被災者が協力して提供したモノと語りを収納・展示し，「伝承」を重要な機能と位置付けている。同館には「語り部」も常駐し，来館者の質問に対応している。バックヤードに未公開の膨大なストックを抱えているが，展示の入れ替えが追い付かないという（次頁写真3）。

ヒロ市（ハワイ）には1946年，1960年の2度の大津波の記憶伝承を目的とした「太平洋津波博物館」がある。記憶を語り継ぐことへの使命感を感じた市民によって，ボランティアと寄付で運営されている施設である。ヒロ市では2度の津波によって日系人居住エリアが甚大な被害を受け，都市計画によって高台移転をした。この施設でも映画，ビデオ，展示，音声などによってエピソードが語られ，常駐するボランティアが当時の記憶を語る（次頁写真4）。

博物館は情報の集約や分析を加えた発信には適しているが，現場や事実との乖離という課題を抱える。また語り部の高齢化によって，記憶の伝承からエピソードの伝承へと変化しつつある。伝え方への課題は大きい。

2　「語り」プログラムの高度化

「語り部観光」には，事実や体験が現場で語られることによる力強いリアリティがあるが，一方で，時間の経過とともに"事実"は"記憶"や"史実"へと移り変わらざるを得ない。語り部自身も高齢化その他の変化が訪れる。博物館等で伝えることにより，普遍化や抽象化は可能となるものの，現場を離れることによるリアリティの喪失は著しい。また，情報の取捨選択も見学者に委ねられてしまう。

これらの課題に対する解決策の一つは，現場で体験できる高度なツアープログラム化と新たな語り部の養成であろう。被災地を歩く装置として整備されている「みちのく潮風トレイル」などの仕組みとも連携しながら，東日本大震災の被災地がリビング・ミュージアムとなることが望まれる。同時に，訪問する側のリテラシー教育によって「自分事」として被災地のメッセージを受け取る能

写真3　人と防災未来センターの展示（2016年5月）

写真4　太平洋津波博物館（2016年9月）

力を培うことである。現在，多くの学校が被災地訪問をプログラムに取り入れているが，これらが被災地との交流の入口となることが望まれる。被災地の状況は刻々と変わってゆく。その変化の過程も含めて理解する姿勢が望まれる。被災地が震災テーマパークと化したり，語り部ツアーがダークツーリズムと呼ばれるようなことは避けなければならない。

【謝辞】

本研究は，2017年度文教大学国際学部共同研究「トウホク(論)研究：「復興」と「疎外」の狭間で」の成果の一部を活用したものである。

【参考文献】

岩手県（2011）「岩手県東日本大震災津波復興計画 復興基本計画」。
海津ゆりえ（2013）「エコツーリズムによる震災復興支援」『復興ツーリズム——観光学からのメッセージ』総合観光学会編，同文舘出版。
高野尚子・渥美公秀（2007）「語りによる阪神・淡路大震災の伝承に関する一考察——語り部と聞き手の協働想起に着目して」『ボランティア学研究』Vol.8，国際ボランティア学会，pp.97-117。
宮古市（2012）「宮古市東日本大震災復興計画」。
矢守克也（2002）「博物館における震災体験の記憶と伝達——北淡町震災記念公園（野島断層保存館）をめぐって」『奈良大学大学院研究年報(7)』pp.360-331。

第9章

東北復興まちづくりについての研究
——アメリカ，ステイプルトン旧デンバー空港跡地再開発利用についてのスタディ——

鏑木　剛

I　背景と目的

　被災から6年が経過している。インフラの復旧は概ね終了し，住宅再建が最盛期を迎えている。震災後，人と人，人と自然のつながりの多くが失われた。かつて東北地方は昔から地域コミュニティーを育みながら自然と一体の豊かな暮らしを営んでいた。「その土地で暮らし，生業を営み，自然の恩恵を受けながら暮らしてきた人たちが，元の生活に戻れた時，初めて復興は成就する。」と防災の専門家であり阪神大震災の被災者である室崎氏は述べている。
　被災地での災害公営住宅（復興住宅）の入居が本格化し岩手，宮城，福島県の復興住宅（福島の原発避難者向けを除く）は2016年1月1日現在で約1万2,400戸が完成し，計画のほぼ半分が整備された。若い人が自力で住宅再建するなか，高齢者が復興住宅に集まり，高齢者に占める一人暮らしの割合も29.8％に上った。復興住宅での高齢者一人暮らしの集中は阪神大震災（1995年）でも課題になり，そして2000年以降，復興住宅で897人の孤独死が確認され社会問題になった。2016年3月現在，東日本大震災での孤独死は16人を上回った。
　今後の復興では，失われてしまったコミュニティーを形成し高齢者が孤立しないように配慮しながら，様々な世代が住むまちづくりが必要である。
　そして地元の産業を発展させ，自然の恩恵を受けられる持続可能な低炭素社会をつくらなければならない。

本章のケーススタディの対象であるステイプルトン再開発は，かつてステイプルトン国際空港であった敷地に，将来計画の居住者が30,000人，開発ビジネス商業地区の就労者数は35,000人が計画された。これは全米最大規模のサスティナブル・コミュニティーの開発であり住居地から商店街，公共施設，学校まで全て自転車で移動できる距離に設計・配置されている。車の過度な利用を抑え，徒歩や自転車を使って街を移動できる，ニューアーバニズム（new urbanism）の考えを取り入れている。広大な敷地にオープンスペース，公園，池，小川が住宅地に対して帯状に配置されており，住宅から歩いて5分以内に公園に行けるよう計画されている。また，この開発はLEED（建築物の性能と持続可能を査定する制度）認証された個人住宅の数が全米開発プロジェクトの中で最大を目指している。

　このようにサスティナブル・コミュニティーをコンセプトにしたステイプルトンのまちづくりは，コミュニティーの形成，自然と人間の関係について今後の復興に役に立つと考える。ケーススタディではステイプルトンのまちづくりを研究し，東北復興まちづくりにとって有用な部分を検討する。

II　ステイプルトン国際空港

　ステイプルトン国際空港は1929年から1995年までコロラド州デンバーにあった国際空港であり，名前は1928年以降の空港開業に尽力したデンバー市長であるベンジャミン・F・ステイプルトンに由来する。60年代から各航空会社のハブ空港となり混雑のため拡張を繰り返した。ステイプルトン国際空港は80年代から幾つかの問題を抱えていた。先ず滑走路が分断されており天候によっては極めて長時間の待機が必要であった。また近隣住民からの騒音訴訟があり，次にロッキーマウンテン兵器倉庫の存在による滑走路延長の制限があった。そのため代替が検討され，1989年のデンバー市の投票を経て，新たにデンバー国際空港の建設が決まった。1995年の閉鎖時点では3本の平行滑走路が2組，それぞれ南北と東西に延びる配置になり，5つのコンコースがあった。現在，往年の面影を残すのは管制塔と駐機施設程度であり，空港の建物はすべて撤去されている（135頁写真1）。

写真1　閉鎖直前のステイプルトン国際空港

III　ステイプルトン再開発の概要

かつてステイプルトン国際空港であった1,900ヘクタール（東京ドーム約1,450個分）の敷地に12,000戸の戸建て及び集合住宅が計画された（136頁写真2）。将来計画の居住者人口は30,000人，そして開発ビジネス商業地区の就労者数は35,000人である。これは全米最大規模のサスティナブル・コミュニティーの開発であり，1998年から開発がスタートし，全体計画は25年に渡る（136頁図1）。現在は全体計画の約3分の1の開発状況（137頁図2）である。開発敷地内には小学校が3校，中学校が2校，高校が1校，そして消防署等が整備されている。現在もまちは成長を続けており，16のビルダーが戸建て住宅を建築し販売を行っている。販売価格は10万ドルから100万ドルまでの幅があり戸建て住宅，低層コンドミニアム，長屋のようなタウンハウス等が計画・開発

写真2　閉鎖直前のステイプルトン国際空港

図1　ステイプルトン再開発マスタープラン

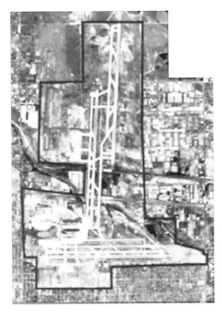

されている。

Ⅳ　まちづくりコンセプト

　ステイプルトン再開発は「サスティナブル・コミュニティー」をまちづくりのコンセプトに挙げており，住居地から商店街，公共施設，学校等まで全て自転車を使って移動できる距離に配置している。また，どこの住宅から歩いても5分以内に公園にアクセスできるように計画されている。敷地面積の30%を公園などのオープンスペースとし，全長130kmに及ぶフット・パス（歩行者及び自転車専用道路）を取り入れている（138頁写真3，図3）。広大な敷地に池や小川，そして帯状の緑地帯を連続させ，住宅地との一体感を創り出している。この街には数多くのコモンスペースがあり，そして3つのプールが整備されている。

図2　現在開発済みの全体プラン

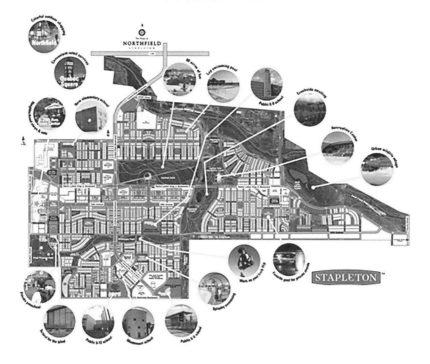

　街並みはデンバー市とデベロッパーが共同で作成した建物のデザインガイドラインが存在し，それに沿った建築物が各ビルダーによって設計された。土地のみでの売買をしていないため，全体で街並みのルールが保たれている。表道路（139頁写真4）は街路地と歩道をセットに計画し，各住戸の全面には車庫スペースを設けず，住宅の裏にアリーロード（裏通り）を設け，歩車分離の計画となっている。

V　HOA（Homeowners Association）

　ステイプルトンの街には日本で言う自治会のようなHOAと呼ばれるものが存在する。HOAはアメリカの中流から富裕層の住宅資産を管理，維持するために発展してきた組織であり戸建て住宅やタウンハウスで構成されたコモンを持

写真3　ステイプルトン再開発地の上空写真

図3　公園およびオープンスペースの計画

つ住宅地を統治する。主な役割は地域一帯の景観維持や共有施設の管理である。外壁の損傷やゴミの管理など日常的項目をチェックする。HOAが規則違反と判断した場合，警告書が住民へ送られ理事会へ報告される。従わない場合は罰金のペナルティーが科せられる仕組みとなっている。住民は毎月HOA費を払い，その資金で運営される。プールや公園といった共有施設が充実しているコミュニティーはHOA費が高額になるが，管理がしっかりしている地域は景観が保たれ，家の

値崩れを防げるためメリットは大きい。この組織の最大の存在理由は，不動産の市場価値維持・上昇である。

この街に数多くあるコモンスペースは，大きく分けて3つの管理主体が管理を行っている。

写真4　表道路側のファサード例

1つ目は，最も大きな面積を占めている広大な公園（140頁写真5）である。この公園は街を建設したデベロッパーが整備を行い，その後デンバー市が公園として管理している。

2つ目は，中規模なオープンスペース（140頁写真6）とプールの管理である。これは街全体のHOAが組織されており，オープンスペースの樹木から芝生，構造の管理を行う。デンバー市がプールの敷地を所有しているがHOAが管理している。この街のHOAはイベントを多く行っており，コミュニティー形成のために年間20万ドルもの費用を掛けている。イベントはミュージックライブやヨガ教室等，年間を通じて企画されている。

最後の管理主体は住民がサブのHOAを組織して管理を行っているスペースである。そのスペースはプライベート・コート・ヤード（private court yard）（140頁写真7）と呼ばれ，いくつかのまとまった街区の前に整備された区画である。この庭に面す住宅の所有者が全体のHOAとは別にサブのHOAを組織し対象者で管理している。

Ⅵ　持続可能エネルギーの利用

ステイプルトンは「サスティナブル・コニュニティー」をテーマとした開発であり，LEED（Leadership in Energy and Environmental Design：建築物の性能と持続可能性を査定する制度）認証された個人住宅の数が全米開発プロジェクトの中で最大を目指している。LEEDは米国グリーンビルディング協会が所管している任意の認証制度であり，建築物全体の企画・設計から建築施工，運営・メンテナンスまでにわたって省エネ，環境負荷を点数によって評価したも

写真5　広大なオープンスペース　　写真6　中規模なオープンスペース

写真7　プライベート・コート・ヤード

のである。LEEDは150カ国で広がっており実質的な国際標準システムとなっている。

　当地区は管理用水を節約するグレーウォータ（非飲料水）のランドスケープシステム（141頁写真8）の開発を進めている。また植栽は少量の水で生きられるコロラドの乾燥した気候に適した植物を植え，外構資材（141頁写真9）は地場産材料を使い，メンテナンスの頻度を抑える計画となっている。

Ⅶ　交通計画

　ステイプルトンはデンバーの中心街であるダウンタウンから北東約10km，車に乗って15分の場所に位置する。公共交通は電車とバスがある（142頁図4）。
　通勤電車（commuter rail）Aラインは2016年4月に開通し，現在ダウンタウンからステイプルトンを通りデンバー国際空港まで繋がっている（142頁図5）。
　Aラインを使ってダウンタウンまでは約13分，デンバー国際空港までは約24分の移動時間である。ステイプルトン地区内にあるセントラルパーク駅から

写真8　グレーウォータ・ランドスケープシステムの池

写真9　地場産材料を使った外構

路線バスが走っている。また鉄道利用者のための駐車場が1,500台整備され，Aラインの駅の中で最大の駐車台数が計画された。

　ステイプルトン地区に14本の路線バスが走っており，バス停は全ての位置から1/4マイル（0.4km）以内に配置し徒歩5分以内の計画とした（142頁図6）。高速道路I-70は，ステイプルトン地区と外のエリアを繋ぐ主な幹線道路である。この地区はかつて国際空港であったため，セキュリティー上の都合により，他の地域へのアクセスは限られていた。またステイプルトンは周辺に兵器倉庫と空軍施設があったため，デンバー市の中で隔離された道路計画となっていた。

Ⅷ　ニューアーバニズム

　この再開発はピーター・カルソープによってマスタープランが作られた，ニューアーバニズムスタイルの街である。過度な自動車依存を解消するため，街の交通は自転車や公共交通を優先させた計画としている。徒歩や自転車での移動がしやすい，ヒューマンスケールの職住近接型のまちづくりを目指している。

　しかしステイプルトンの道路はニューアーバニズムの考えに矛盾しているとWesley Marshall氏は指摘する。同氏はコロラド大学デンバー土木学科の准教授であり，この街に家族と暮らす住民である。Marshall氏は次の矛盾点を挙げている。①近隣のレベルでの道路のネットワークは良く繋がっているが，

図4　ダウンタウンデンバーと
　　　ステイプルトン

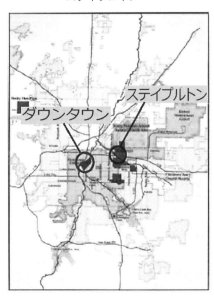

図5　デンバーの鉄道路線図

図6　ステイプルトンの交通計画

他の近隣地区を結ぶグリッドは上手く繋がっていない。②ステイプルトンを走る2つのメイン通りは街の中心部を走っているため，居住区の中を串刺した形となり，幹線道路が居住区の周りを通る計画となっていない。つまり歩行者と車の分離がされていない。③メイン道路であるセントラルパーク・ブルーバードは1日12,000台の車が通っているが需要予測の30,000台を下回っている。そのため道路は必要以上に広く計画されており，車のオーバースピードの原因になっている。④住宅に最低車1台の駐車場はあり，かつ多く

の道路に必要以上の路上駐車スペースが存在する。これらの空き路上駐車スペースは車のオーバースピードと車同士の衝突率を上げる要因となっている（図7）。⑤主要道路交差の曲線半径は，デンバー市の法令に従い30フィート（9m）となっている。これは車がスピードを落とさないまま交差点を曲がることになり，歩行者優先の空間スケールになっていない。

図7　ステイプルトンの車の走行スピードのスタディ

　以上の矛盾点からMarshall氏は次のように述べている。「近隣街区レベルの道路はよく繋がり合い，密度の高いネットワークを形成していても，その街区エリア内をスピードが出せる広い道路が通る場合（ステイプルトン全体から見て）歩行者優先の街にならない。従って細い道を組み合わせて車のスピードを抑える必要がある。ニューアーバニズムは主に建築の視点で計画されおり交通計画は二の次となっている。ニューアーバニズムのコンセプトを実現させるためには，交通計画が鍵を握っている」。

　次にMarshall氏によってデンバー市内の車による通勤率を視覚化するスタディが行われた（次頁図8）。地図上，右上の円はステイプルトンを示し，左の円はデンバーの中心街ダウンタウンを示している。エリアに色が濃く塗られている場所は通勤時において徒歩及び自転車を使っている割合が高い。逆に明るい色に塗られてる場所は割合が低い。つまり車を高い割合で使っている。スタディの結果，ステイプルトンは他のダウンタウン周辺の従来型居住地区より車の利用率が高かった。

図8　デンバー市内の車による通勤率を視覚化

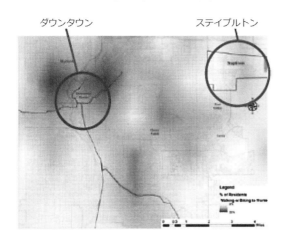

まとめ

　これまでの被災地ではインフラ整備や住宅の供給に重点をおいた復興まちづくりが行われてきたが，この章で紹介したステイプルトン再開発で行ったような，サスティナブル・コミュニティーを目指した，まちづくりが必要なのではないか。

　先ずステイプルトンの街の特徴は，広大なオープンスペースと公園が住宅から歩いて5分以内に行けることである。自然エリアは住宅地に対して帯状に配置され，地域の環境を積極的に活用している。

　次にHOAの効果的な地域のマネージメントは良質な街並みと住環境を保ち，不動産価値の維持・上昇に役立っている。魅力的な住居と近隣環境は地域の価値を高め，その場所に住むことがステータスとなる。またステイプルトンのHOAはイベントを多く行っており，魅力的な地域のイベントは街に付加価値を与えている。

　そしてニューアーバニズムの考え方を街に反映させるためには交通の計画が大切であると説いたMarshall氏の意見は注目に値する。ステイプルトン地区の通勤に車を使う割合は，デンバーのダウンタウン周辺地区より高い値を示した。つまり徒歩と自転車利用が少ない。それはニューアーバニズムの考えを計画に反映させたステイプルトンにとって期待とは異なる結果となった。建物や街路のデザインだけでは徒歩と自転車の移動がしやすい街にならない。つまり交通計画と連携した街づくりを行わなければ，ニューアーバニズムの実現は難しいことが分かった。

　このステイプルトン再開発の事例と課題は，今後の東北復興まちづくりに活

用できるのではないだろうか。

【参考文献】
Forest City Development（1999）"Stapleton Development plan".
Forest City Stapleton, Inc.（2004）"Stapleton Sustainability Master Plan".
Jaffe, Eric（2015）"A Case Study in Flawed Street Design−The New Urbanist neighborhood of Stapleton, Colorado, suffers from compromised planning standards".
朝日新聞（2016 年 2 月 29 日）「復興住宅の高齢化率 37％ 平均より 10 ポイント高く」.
石井喜三郎（2013）「国土交通省におけるコンパクトシティの取組について」国土交通省 http://www.mlit.go.jp/common/001018163.pdf（2018 年 3 月 5 日閲覧）.
海外出張, 視察旅行手配の㈱シー・ムーン企画「米国におけるさまざまな形態の都市再生事情を学ぶ」http://www.c-moon.co.jp/category/1423252.html（2018 年 3 月 5 日閲覧）.
栗原誉志夫（2012）「わが国におけるコンパクトシティの課題と展望——青森市，富山市の事例より」㈱三井物産戦略研究所 https://www.mitsui.com/mgssi/ja/report/detail/__icsFiles/afieldfile/2016/10/20/121016i_kurihara.pdf（2018 年 3 月 5 日閲覧）.
柴田健（2012）「HOA による住宅地の統治」『家とまちなみ』65，一般財団法人住宅生産振興財団.
居樹潤（2010）「ステイプルトン（Stapleton）再開発」『2010 米国住宅地まちなみ視察調査』一般財団法人住宅生産振興財団.
復興庁（2016）「復興 5 年間の現状と課題」http://www.kantei.go.jp/jp/singi/genshiryoku/dai39/siryou1.pdf（2018 年 3 月 5 日閲覧）.
毎日新聞（2016 年 3 月 4 日）「東日本大震災 復興住宅コミュニティー 被災前の集落維持 孤独死防止へ自治体模索」.
マル激トーク・オン・ディマンド（2017 年 3 月 4 日）「東日本大震災 6 年後もなお山積する課題」ニュース専門ネット局ビデオニュース・ドットコム http://www.videonews.com/marugeki-talk/830/（2018 年 3 月 5 日閲覧）.
LOHAS マーケット INDEX「グリーン都市計画」http://www.lohasclub.org/1000/1600/1604.html（2018 年 3 月 5 日閲覧）.

【資料】
Wikipedia
Forest City Development
Stapletondenver.com
Pinterest
Plum Creek Courtyard Presentation
Journal of Urbanism
Staplton & KTGY in Multifamily Biz

結 章

本書で得られた知見を踏まえた課題の整理

川﨑興太・安藤尚一・伊藤香織・郭東潤・齋藤伊久太郎・
藤本典嗣・加藤宏承・海津ゆりえ・鏑木剛

　以上で得られた知見を踏まえつつ，今後の課題を整理することで，本書の結論としたい。

I　環境回復編で得られた知見を踏まえた課題

1　安全・安心な環境形成に向けた総合対策の実施

　わが国では，東日本大震災の発生後，特に南海トラフ地震・津波対策として，津波（高潮）避難ビルの指定が急速に進んでいる（第1章）。岩手県，宮城県，福島県では，巨額の復興予算のもとに，防潮堤の復旧，かさ上げ道路の整備，住宅の高台移転などのハード整備が強力に進められた。しかし，東日本大震災においては，津波避難ビルの有効性が確認されたところであり，費用対効果の観点からも比較的優れている。今後，わが国の防災・減災対策として，津波避難ビルを含めたハード対策とソフト対策を効果的・効率的に組み合わせ，安全・安心な環境形成を図る必要がある。

2　地域固有の社会・空間構造や地域資源を活かした
　　　安全・安心な環境の形成

　今回の震災からの復興にあたり，津波被災地では，地域固有の社会・空間構造とは異質な巨大防潮堤の整備が与件とされたため，住民合意の困難が生じた地域が見られた（第2章）。安全性と安心性は，生活環境にかかわる最も

基礎的な性能であることは間違いないが，安全・安心な環境を形成するにあたっては，歴史的に継承されてきた地域固有の社会・空間構造を活かした防災・減災のあり方を検討し，実現することが重要である。また，歴史的町並みや名所旧跡をはじめ，さまざま地域資源を活かした環境の修復・再生を進めることで，地域の個性や魅力を発展的に継承してゆくことも重要な課題である（第3章，第4章）。

3　原子力災害からの復興に向けた長期的な対応

　福島原発事故によって重大かつ深刻な放射能被害を受けた福島県では，復興の起点かつ基盤としての位置づけのもとに除染が実施されてきたが，その除染は2016年度で基本的に完了ということになった。しかし，中間貯蔵施設の整備が遅れていて県内各地に除去土壌等が積み残されている，森林や河川などは除染の対象外とされて手つかずになっている，除染の実施後にも空間線量率が高い場所が少なくないなど，「除染の完了」後にも多くの課題が残されている（第5章）。そもそも原子力災害は，被害の長期性をその特徴の一つとしており，国が復興期間として定めた10年間で被害が解消されるわけではないのであって，被災者と被災地の原子力災害からの復興に向けた長期的な対応が必要である。

II　環境創造編で得られた知見を踏まえた課題

1　再生可能エネルギーの普及促進に向けた条件整備

　世界的な電力自由化の潮流の中で，わが国では，電力の安定的供給という名目のもとに，地域独占型の市場構造が維持されてきた。福島原発事故の発生後には，電力自由化が進められ，固定価格買取制度の活用を通じた再生可能エネルギーの普及が進んでいるが，送配電ネットワーク事業の地域独占は継続している（第6章）。福島原発事故によって集中型エネルギー供給システムの脆弱性が浮き彫りになったことを踏まえると，今後は，リスク分散や二酸化炭素排出の削減を図るためにも，再生可能エネルギーをはじめ，地域の特徴を踏まえた多様なエネルギー資源を活かしつつ，小規模生活圏でのエネルギー供給の最適化を図るための諸条件を整備することが重要である。

2　環境保全と経済活性化を両立させた事業の推進

　被災3県では，環境，社会，経済の3つの価値を創造することで，持続可能な経済社会システムの実現をめざす環境未来都市として，2都市ずつ選定されている。それぞれの都市で，特質や課題に応じた取り組みが進められているが，いずれの都市においても，特に経済の観点が弱い状況にある。第7章では岩手県陸前高田市を対象として，環境と産業振興を有機的に連携させた事業展開の提案を行ったが，その妥当性や実行可能性については今後の検討課題であるものの，過疎化が進展する地方都市において，今後，持続可能な成長をめざすうえでは，これまで以上に，環境保全と地域経済活性化を両立させた事業を推進する必要がある。

3　防災の知恵と教訓の伝承と文化の創造

　東日本大震災および福島原発事故の発生からまもなく7年を迎えるが，震災・事故の風化が進んでいる。被災3県のさまざまな地域において，観光協会やNPOなどによって「語り部観光」が展開されているが，時間の経過とともに，体験や感情は，記憶や史実へと変容しつつある中で，その課題も変容しつつある（第8章）。わが国では，近い将来に，首都直下地震や南海トラフ地震などの大災害が発生することが懸念されているが，いかに今回の震災・原発事故で得られた防災の知恵や教訓を伝承し，防災文化へと発展させていくかという課題が顕在化している。

4　持続可能なコミュニティの形成に向けた生活環境の継続的な改善

　復興期間が終了する2020年度が間近に迫る中にあって，多くの津波被災地では，防災集団移転促進事業や土地区画整理事業などが完成し，復興まちづくりが終焉を迎えつつある（第9章）。しかし，同時に，人口減少や高齢化，宅地需要の減退，生活サービスの低下といった，さまざまな課題が発生しつつある。今後は，復興まちづくりによって形成された新たなまちにおいて，住民と行政の協働により，ハード・ソフト両面から，持続可能なコミュニティの形成に資する生活環境の継続的な改善が求められている。

著者略歴

川﨑　興太（かわさき　こうた）
福島大学准教授。
1971年茨城県生まれ。信州大学大学院教育研究科修士課程修了，都市計画コンサルタントを経て，2010年から現職。博士（工学）。専門分野は都市計画・まちづくり。主な著書に，『ローカルルールによる都市再生——東京都中央区のまちづくりの展開と諸相』（単著，鹿島出版会，2009年），『人口減少時代における土地利用計画——都市周辺部の持続可能性を探る』（共著，学芸出版社，2010年），『東日本大震災合同調査報告 都市計画編』（共著，日本都市計画学会，2015年），『裏磐梯・猪苗代地域の環境学』（共著，福島民報社，2016年），『自然災害——減災・防災と復旧・復興への提言』（共著，技報堂出版，2017年）など。

安藤　尚一（あんどう　しょういち）
近畿大学建築学部建築学科（減災学研究室）教授。
1957年生まれ。東京大学工学部建築学科卒業後，工学博士号取得。1980年建設省（現国土交通省），日本・ペルー地震防災センター（CISMID），北九州市開発部長，経済開発協力機構本部（OECD）環境局，建築研究所企画調査課長，国土交通省都市計画課，同都市防災対策室長，国際連合地域開発センター（UNCRD）防災計画兵庫事務所所長，東京大学大学院教授，(独)建築研究所国際地震工学センター（IISEE）センター長，2013年政策研究大学院大学（GRIPS）教授を経て，2017年4月より現職。

石橋　理志（いしばし　さとし）
中部スターツ株式会社開発事業部。
1988年生まれ。2011年東京理科大学大学院理工学研究科修士課程修了，2011年に都市計画コンサルタント有限会社プラウドに入社，2017年から現職。

伊藤　香織（いとう　かおり）
東京理科大学教授。
東京都生まれ。東京大学大学院工学系研究科博士課程修了，博士（工学）。東京大学空間情報科学研究センター助手，東京理科大学講師，同准教授を経て，現職。専門は都市空間デザイン・空間情報科学。特に公共空間と都市生活の関わり方に着目する。東京ピクニッククラブを共同主宰し，国内外の都市で公共空間の創造的利用促進プロジェクトを実施，2014年グッドデザイン賞受賞。主著に『シビックプライド：都市のコミュニケーションをデザインする』（共著，宣伝会議，2008年），『まち建築：まちを生かす36のモノづくりコトづくり』（共著，彰国社，2014年），『シビックプライド2【国内編】：都市と市民のかかわりをデザインする』（共著，宣伝会議，2015年）など。

郭　東潤（かく　どんゆん）
千葉大学大学院工学研究院融合工学府助教（都市環境デザイン研究室）。
1974年韓国生まれ。千葉大学自然科学研究科博士後期課程修了，2004年から現職。博士（工学）。専門分野は都市デザイン・まちづくり。主に都市や住環境の動態的変容につ

いて国内外のフィールド活動を重視した多様なまちづくりの計画や提案・デザインを実践。2000 年より実施したパラソルギャリーの一連活動が 2016 年千葉市都市文化賞「グランプリ」受賞など。

齋藤　伊久太郎（さいとう　いくたろう）
東洋大学地域活性化研究所客員研究員。
1975 年生まれ。千葉大学大学院自然科学研究科修了・博士（工学）。法政大学，東洋大学，江戸川大学，千葉大学で非常勤講師を経て，現職の他に法政大学社会学部兼任講師，株式会社住環境計画研究所研究助手，NPO 法人日本アメニティ研究所理事。専門分野は都市計画・まちづくり。主な著書に，『千葉のまちづくりを語ろう』（共著，千葉日報社，2012 年）。

藤本　典嗣（ふじもと　のりつぐ）
東洋大学国際学部国際地域学科教授。
1970 年山口県生まれ。2003 年 3 月に九州大学大学院経済学研究科博士後期課程単位取得退学，2004 年 1 月に博士号（九州大学，経済学）を取得，2005 年 4 月より駒澤大学仏教経済研究所研究員，2007 年 4 月より福島大学共生システム理工学類産業システム工学専攻准教授，2015 年 10 月よりブリティッシュコロンビア大学アジア研究所客員准教授，2016 年 4 月より東洋大学国際地域学部国際地域学科教授，2017 年 4 月より現職。

加藤　宏承（かとう　ひろつぐ）
㈱オリエンタルコンサルタンツグローバル地球環境部副部長。
1970 年生まれ。日本大学大学院生産工学研究科博士前期課程建築工学修了，これまで 22 年間に亘り，海外において，数多くのスマートコミュニティープロジェクトに従事。主なプロジェクトは，『エジプト国　ハルガダ太陽光発電システム整備計画準備調査，2017 年』，『タイ国　工業団地スマートコミュニティ運営事業準備調査，2016 年』，『インドネシア国　バンドン市・川崎市の都市連携による低炭素都市形成支援事業：二国間クレジット事業を用いた商業施設におけるエネルギー管理システム導入調査，2015 年』など。

海津　ゆりえ（かいづ　ゆりえ）
文教大学国際学部教授。
農学博士。立教大学で理学部化学科を専攻した後，テイクナイン計画設計研究所にて地域計画に従事。1995 年に，まちづくりとエコツーリズムの調査研究，推進支援を専門とするコンサルティング会社「資源デザイン研究所」を設立（代表取締役）。国内外のエコツーリズム・サイト調査や開発支援，著作等を行う。2007 年 4 月より現職。エコツーリズム，観光を通じた国際協力などを教える。フィールドは西表島，小笠原諸島，二戸市，裏磐梯，南大東島，湘南地域，フィジー，ガラパゴスほか。離島や中山間地域の村等。小笠原振興開発審議会委員，環境省エコツーリズム委員，東京都エコツーリズムサポート委員，地元から発信する旅づくり in 茅ヶ崎実行委員長。NPO 法人日本エコツーリズム協会理事，NPO 法人日本ガラパゴスの会理事ほか。

鏑木　剛（かぶらぎ　つよし）
株式会社アスペン1級建築士事務所代表。
1972年生まれ。University of Colorado Denver, Master of Urban and Regional Planningを卒業，設計事務所を経て，2008年から現職。専門分野は建築設計・都市計画。主な著書に"Case study of the 2014 Hiroshima landslides and the 2013 Boulder Flood"（単著，日本建築学会大会オーガナイズセッション，2015年），"The Walkability Indicator : a case study of Boulder, CO"（共著，日本建築学会大会オーガナイズセッション，2014年），"Denver Mountain parks assessment : Bear Creek Canyon Lower Corridor, Denver CO"（共著, project of University of Colorado, 2012年），"Assessment for linking natural areas within an urban environment ; The Little Henry/Lake of Lake Park, Denver CO"（単著, project of University of Colorado, 2012年）など。

環境復興——東日本大震災・福島原発事故の被災地から

2018年5月25日　第1刷発行

編著者　　　川﨑　興太

発行者　　　片倉　和夫

発行所　　株式会社 八朔社(はっさくしゃ)

〒101-0062　東京都千代田区
神田駿河台1-7-7　白揚第2ビル
電話 03-5244-5289　FAX03-5244-5298
E-mail：hassaku-sha@nifty.com
http://hassaku-sha.la.coocan.jp/

ⓒ川﨑興太，2018　　　組版：鈴木まり／印刷製本：藤原印刷

ISBN 978-4-86014-090-8

―― 八朔社 ――

福島復興学
被災地再生と被災者生活再建に向けて
山川充夫・瀬戸真之 編著
三五〇〇円

テキスト災害復興支援学
福島大学の支援知をもとにした
福島大学うつくしまふくしま未来支援センター 編
二〇〇〇円

東日本大震災からの復旧・復興と国際比較
福島大学国際災害復興学研究チーム 編著
二八〇〇円

日本の再生可能エネルギー政策の経済分析
福島の復興に向けて
大平佳男 著
三〇〇〇円

3・11後の産業・エネルギー政策と学術・科学技術政策
日本科学者会議 科学・技術政策委員会 編
一八〇〇円

定価は本体価格です